KB033843

매출을 올리는 헬스장

매출을 올리는 헬스장

김동관 지음

나음세상

헬스가 알려준 인생의 정답

30살에 나는 헬스장 관장이 되었다. 처음 그 시절, 헬스장을 차리기만 하면 월 1,000만 원은 쉽게 벌 수 있을 거라고 생각했다. 부와 명예를 가질 수 있을 거라고 생각했다. 하지만 그건 나의 착각이었다. 현실은 나의 기대와 달랐다. 직원은 키워 놓으면 다른 곳으로 이직하기 일쑤였다. 난 항상 버림받는 존재였다. 일은 하루에 18시간씩 했다. 매일 전단지를 돌려야만 했다. 책임감은 더 커졌고 쉽게 그만둘 수도 없었다. 사업을 시작하며 내 생각대로 된 것은 단 하나도 없었다.

10대, 20대에는 평범한 학창 시절을 보내지 못했다. 부모님의 이혼, 아버지의 죽음, 대우받지 못한 직업, 무시당하는 삶을 살아왔다. 내 머릿속에는 온통 돈, 돈, 돈, 돈이 전부였다. 꼭 부자가 되고 싶었다. 하지만 현실의 벽은 너무 컸다. 잘생긴 사람, 돈 많은 사람, 좋은 차 타는 사람들을 보면 더 위축되고 "난 안 될 거야!" 하며 자책하는 날이 많았다.

하지만 어떻게든 이겨내야 했다. 살아남기 위해 독서를 했다. 독서하며 나의 진정한 적이 보이기 시작했다. 처음에 내 적은 호화롭게 사는 사람들이라 생각했다. 그들과 비교하며 시기와 질투를 했다. 하지만 진정한 적은 나라는 걸 깨닫게 되었다. 그 후로 모든 것은 내가 마음먹기에 따라 달라진다는 걸 알았다. 인생에 있어 정답은 없다. 내가 선택하는 것이 곧 정답이었다. 그렇다면, 나의 정답의 기준은 과연 무엇일까? 내가 내린 답은 이러하다.

"성공은 하루하루 나의 성장에 초점을 맞추어 노력하는 것이다."

그 뒤로 사람들을 질투하고 부러워하고 열등감에 사로잡혀 살아가는 인생이 아닌 나 자신에게 초점을 맞추게 되었다. 그런 경험을 하며 성장하였다. 난 운영 8년 차, 3개 매장을 운영하는 관장이 되었다.

대단한 경험이라 말하긴 힘들지만, 헬스와 만나 운동을 하며 배운(운영 , 태도, 사람에 대한 시각, 노력, 끈기, 유지) 것을 진솔하게 이 책에 담았다.

제4장 헬스학교에서 배운 것들

제1장
헬스장 대표가 되었다

하루라도 빨리 창업하고 싶었다

인생의 정답은 없지만, 나는 동업 또한 레버리지라고 생각한다. 예를 하나 들어보겠다. 나는 2021년에 13억짜리 땅을 공동 매수하였다. 이것 또한 같이할 사람들이 있었기에 가능한 일이다. 13억짜리 땅을 대출 8억 2천만 원을 받아 매수하였다. 과연 내가 혼자서 13억짜리 땅을 살 수 있을까? 8억 2천만 원의 대출과 이자를 감당할 수 있을까? 난 대출이란 레버리지와 동업이라는 레버리지 두 가지 모두를 활용하였다.

나는 모든 일을 절대 혼자서 할 수가 없다고 생각한다. '동업이 나쁘다', '동업은 무조건 싸운다' 라고 하기 보다는 얼마만큼 지혜롭게 관계를 유지하느냐가 중요하다고 생각한다. 동업만큼 레버리지 할 수 있는 가장 빠른 방법도 없는 것 같다. 본인의 주변을 한번 살펴보자. 이 친구와는 한번 같이 일해보고 싶다는 생각해 본 적이 있지 않은가? 그 사람이 본인의 새로운 기회일 수가 있다.

'돈이 없어서 사업을 시작하지 못해요.'

'리스크가 너무 커서 사업을 시작하지 못해요.'

그걸 한 번에 다 해소할 수 있는 것이 동업이다. 아직도 동업이 나쁘다는 생각이 드는가? 동업하다가 끝이 안 좋게 헤어지거나 손해를 보고 마무리했다고 하는 말도 분명 들었을 것이다.

그렇다면 역으로 한번 이야기해보겠다. 혼자 사업을 한다고 해서 다 성공하고 다 잘 된다고 생각하는가? 그것 또한 아니다. 혼자 사업을 하던, 동업을 통해 사업을 하던 각각의 장단점이 있다. 중요한 것은 내가 어떻게 지혜롭게 사업을 헤쳐 나가느냐인 것이다.

현재 나는 독립적인 매장 1개와 동업 형태의 매장 2개를 운영을 하고 있다. 세상은 절대 혼자 살아갈 수가 없다. 하루빨리 창업을 시작하고 싶다면, 나와 맞는 파트너를 찾아서 함께 하는 것이 좋다. 최소 1년~3년 이상의 시간을 줄여줄 것이다.

많은 사람들이 말한다.

'직장생활은 한계가 있다. 내 사업을 해야 한다. 그래야만 부의 추월차선에 올라갈 수 있다.'

직장생활에서 벌 수 있는 금액에는 한계점이 존재한다. 확률적으로 보았을 때 직장생활을 할 때보다는 내 사업을 해야 더 많은 돈을 벌 수 있다. 이건 대부분의 사람이 알고 있을 것이다. 하지만 실천하기가 쉽지 않다. 경험해 보지 않은 것들이 너무 많다. 두렵기도 하다. 잘 될 수도 있지만 빚더미에 앉을 수도 있다.

헬스장을 차리기 위해서는 너무 많은 돈이 든다. PT샵을 차리기 위해서는 대략 1억~2억 정도의 돈이 필요하다. 소형 헬스장을 차리기 위해서는 2~3억 정도의 돈이 필요하다. 중형 헬스장을 차리기 위해선 3억~6억 정도의 돈이 필요하다. 대형 헬스장을 차리기 위해선 대략 10억 정도의 돈이 필요하다. 어떤 기구를 넣을 것인지, 어떤 인테리어를 하는지에 따라 차이는 있겠지만 대략 이 정도는 잡아야 한다.

예를 들어 PT샵을 차린다고 해보자. 1억 정도 드는 비용이 적은 돈일까? 혼자서 차리기에 절대 적은 금액이 아니다. 남자가 군대에 갔다 와서 사회생활을 하며 경험을 쌓고 그 시간 동안 순수하게 1억을 모은다는 것도 절대 쉽지 않은 일이다. 또한 넘어지기라도 한다면 다시 일어나기까지 너무 오랜 시간이 걸릴 수 있다. 자기 확신이 있는 사람이라고 해도, 나는 첫 시작을 할 때는 동업을 추천하는 편이다.

많은 사람들이 이야기한다. '동업은 하지 말라고. 너무 많이 싸운다.'라고 말이다. 그것도 맞는 말이긴 하다. 하지만 혼자서 사업을 시작한다고 해서 사람을 쓰지 않을 거라고 생각하는가? 내가 모르는 사람을 직원으로 뽑고 그 직원과 일하는 건 쉽다고 생각하는가? 모든 사람은 자기들만의 장단점과 매력이 있다. 사업을 한다면 나는 팀원을 만들면서 해야 한다고 생각한다. 그런 말이 있다. 빨리 갈 거면 혼자 가고 멀리 갈 거면 같이 가라고.

동업을 시작함으로써 1억이란 돈이 5천 만 원으로 줄어든다. 5천 만 원도 적은 돈은 아니지만 그래도 사회초년생이 모으기에 비현실적인 금액은 절대 아니다. 나 또한 첫 시작을 동업으로 시작하여 독립하며 현재 3개의 매장을 운영하고 있다. 그 과정에서 리스크를 줄일 수 있는 방법들이 있었다. 리스크를 최소화하여 많은 도전과 경험을 할 수가 있었다.

여러분은 동업과 공동투자에 대해 생각해 본 적이 있는가? 내가 생각하는 동업과 공동투자에 대해 말해보겠다. 동업은 같이 현장에서 같은 업무를 하는 사람을 동업이라고 생각한다. 공동투자는 같이 현장에서 다른 업무를 하던 아예 일에 과연 하지 않는 사람을 투자자라고 생각한다.

언뜻 보면 동업과 공동투자는 비슷한 것 같으면서도 다르다. 동업을 시작할 때 우린 투자자의 마인드로 시작해야만 한다. 같은 업무를 보는 게 아닌 임무 분담을 확실히 하여 내가 의사결정을 내릴 수 있는 분류를 확실히 나눌 수만 있다면 싸움을 줄일 수 있다.

예를 들면 2명이 동업한다고 시작한다. 1동 업자는 수업과 직원 관리을 담당한다. 2동 업자는 마케팅 고객 상담 업무를 담당한다. 이렇게 뚜렷하게 업무를 분배하면 싸움을 최소화할 수 있다. 그 안에 결정권은 담당 업무에 맞는 동업자가 어떤 결정을 하더라도 문제에 소지를 갖지 않는다는 조항을 만들면 훨씬 수월하게 일을 할 수 있다.

보통 이런 경우가 있었다. 기구를 하나 사려고 했다. 1동 업자는 250만 원 기구를 사기를 원했다. 2동 업자는 500만 원 기구를 사기를 원했다. 이런 이유로 동업이 깨진 경우도 있었다. 그렇기에 동업할 경우에는 각 업무에 대해 분류해야 하고 명시하며 업무 분담을 확실히 나누어야만 한다. 그렇게 해야만 서로 스트레스를 받지 않고 오래오래 같이 파트너로서 일할 수 있다.

또한 동업자와는 시작할 때는 무조건 싸울 수 있다고 전제를 깔아놓고 시작해야 보다 마음이 편안하다. 이런 부분을 체크하기 위해서는 동업을 무조건 하는 게 아닌 나와 사회생활을 하며 오랜 시간 동안 같이 봐왔던 사람과 하는 게 좋다. 그 사람을 오래 본 만큼 그 사람의 장단점을 알 수 있으며 어느 정도는 그 사람의 단점은 감안하면서 시작할 수 있다.

모든 사람들에게는 장단점이 다 있다. 그 장단점을 내가 어떻게 받아들이고 컨트롤할 수 있느냐에 따라 나에게 기회를 만들 수도 있고, 기회를 버릴 수도 있다. 모든 일에는 사람이 동반될 수밖에 없다. 혼자 하던 동업을 하든 직장생활을 하든 사람과 함께 하지 않는 일은 없다.

동업이 무조건 안 좋다고 말하기에 앞서 혹시 맞는 사람을 못 찾아서 동업이 안 된다고 생각하는 게 맞지 않을까? 지금이라도 나의 주위 사람들을 잘 찾아보자. 그것이 곧 사업을 빠르게 시작할 수 있는 길일 수 있다.

상권분석과 인테리어 견적내기

창업을 위해서는 상권 분석이 매우 중요하다. 내 경우는 상권분석 사이트를 활용하여 정보를 얻었다.

'비즈 지도'(http://www.biz-gis.com/XRayMap/)는 상권분석 사이트이다. 내가 원하는 지역에 가서 점만 찍고 원하는 km 작성하며 그 주위의 거주 규모, 직장인구, 평균소득, 일평균 유동 인구 등을 한 번에 알 수가 있다. 내가 생각하는 벤치마킹 업체를 분석하여 그 업체와의 유사성을 최대한 찾아 확률을 낮출 수 있는 데이터이다. 보통 검색해 봤을 경우 잘되는 센터들의 기준이 있었다. 일일 평균 유동 인구 수가 가장 중요했다. 본인이 직접 검색해 보고 하나하나씩 분석하다 보면 잘되는 매장들의 지리적 공통점이 어느 정도는 보일 것이다. 한번 찾아보길 바란다.

다음으로 빠르게 사업을 준비할 수 있는 방법의 하나는 중고 매장을 인수하는 것이다. 요새는 매물이 많이 나와 무권리에도 매장을 인수하는 경우가 있다. 중고 매장을 인수 후 노후 때문에 리모델링하는 경우가 있다. 또는 나의 스타일에 맞추기 위해 리모델링을 하는 경우가 있다. 리모델링 시 추천하는 방식은 내가 직접 인부를 고용하여 진행하는 방식이다. 보통 평균 평당 100~150만 원이라는 인테리어 비용이 든다. 처음 사업을 시작하는 사람이라면 최소 금액으로 최대의 효과를 내야만 한다.

첫 사업의 시작할 즈음, 여유자금을 충분히 확보한다면 심적으로 안정화할 수 있다. 그로 인하여 보다 일도 더 능률적으로 할 수가 있다. 그래서 첫 시작은 최소한 금액을 어떻게든 아끼는 걸 추천한다. 그러기 위해선 내가 직접 뛰고 알아보아야 한다. 우리는 정보화 사회에 살고 있다. 내가 정말 노력하기만 하면 충분히 알아볼 수 있다. 인부를 알아볼 경우 최소 3곳의 업체와 미팅을 추천한다.

예를 하나 들어보겠다. 저자의 매장의 방수 문제로 인하여 견적을 보기 위해 업체를 알아보았다. 어떤 한 업체는 100만 원을 말했고 어떤 한 업체는 40만 원을 말했다. 업무는 동일했다. 그런데 견적은 다르게 나온다. 이렇듯 사람을 보면서 가격을 부른다는 걸 알게 되었다.

인테리어에 관해 나는 아는 바가 없다. 나를 지킬 수 있는 방법은 업체를 비교하는 방법밖에 없다. 또한 요새 주위에 알아보면 가족 또는 지인들의 지인 중에 인테리어 하는 사람들이 있다. 주위에 인테리어 종사자들에게 도움을 받는 걸 추천한다.

건강보험이란 복병을 만났다

창업을 하면 복잡한 절차와 마주한다. 직장가입자, 지역가입자, 일반사업자, 간이사업자, 종합소득세, 1분기 부가세, 2분기 부가세, 중간예납, 부가세 예정 고지, 임대차계약서, 확정일자, 소상공인 대출, 건강보험료, 3.3% 원천징수, 프리랜서 계약서, 노무사, 세무사, 법무사, 법원, 경매, 공매, 차용증, 공증서, 두루누리, 부동산 법정 수수료, 수많은 지식이 필요하다. 이건 누구도 알려주지 않는다.

내가 관심 갖거나 시간이 지나면서 경험하지 않으면 와 닿지 않는다. 난 8년이란 시간동안 10개의 매장을 오픈, 폐업, 인수 및 양수양도 과정을 만들면서 할 수 있는 확률적인 것들은 다했던 것 같다. 그러면서 시간이 지나면서 나도 모르게 튀어나오는 세금들이 많이 나와 당황한 적이 있다. 돈으로 모두 해결하기는 했지만 조금 알고 준비했더라면 좀 더 경제적 손실을 막을 수도 있었을 것이다. 내가 경험하면서 알게 된 것들을 공유해 보겠다.

나는 사업을 하면서 3명의 동업자와의 관계를 맺었다. 그중 헤어진 동업자가 있고 현재까지 같이하고 있는 동업자도 있다. 보통 우리 직종은 프리랜서 계약직이 많이 있다. 원천징수하여 3.3%를 빼고 지급하고 있다. 트레이너는 개인 사업자 성향이 강한 직업이다. 그렇기에 내가 피부양자로 들어가 있지 않으면 지역가입자로 빠져 건강보험료와 국민연금이 따로 나온다.

트레이너와 사업자의 입장에서 예시를 들어보겠다. 2023년 5월 종합소득세를 신고한다. 이건 프리랜서 트레이너와 사업자 둘 다 동일하다. 그렇게 4대 보험에 가입하지 않는 사람이라면 종합소득세 기준에 따라 11월에 건강보험료와 국민연금이 반영하여 보험료가 인상한다.

그 부분인 직장가입자와 지역가입자의 차이점이다. 직장가입자라면 별로 신경 쓸 부분이 없지만 지역가입자라면 이야기가 달라진다. 사업을 하면서 나의 명의로 사업자를 내었다. 폐업할 땐 부가세는 같이 처리하였지만 건강보험료에 대해서는 알지 못했기에 온전히 나의 건강보험료 인상분을 내가 다 납부하여 손해를 보았다.

동업 시 사업자를 공동명의로 진행하기도 하지만, 사업자를 어느 한 사람의 명의로 하는 경우도 있다. 이 부분을 알고 있다면 그

인상분까지 계산해야 나에게 손해를 보지 않을 수 있다. 같이 벌고 같이 배당하였는데 건강보험료의 인상분에 대해선 내가 혼자가 낸 격이 된 것이다. 11월에 반영한 건보료는 그다음 해인 11월에 다시 반영 처리되어 계산이 들어간다. 같이 동업을 할 경우 건강 보험료에 대해서도 미리 의논하는 것이 문제 소지를 방지할 수 있다.

세금은 이렇게 처리한다

일반 사업자는 부가세를 환급받을 수도 있다. 부가세는 1년에 2번 납부하며 6월 상반기, 12월 하반기에 내고 있다.

간이 사업자는 부가세를 환급받을 수 없다. 하지만 종합소득세 경비는 처리할 수 있다. 부가세는 1년에 1번, 12월 하반기 이렇게 내고 있다.

2023년 기준 연 매출 8,000만 원을 넘기지 않으면 간이 사업자를 유지할 수 있다. 사업 초반 간이 사업자를 유지하기 위해 운영을 하였다. 9월 오픈을 하였다. 9~12월 종합소득세 반영 시 8,000만 원이 안 넘으면 되는 줄 알았다. 그런데 간이 사업자를 유지하지 못했다.

오픈 날짜에 따라서 간이 사업자를 유지하는 시기 또한 차이가 있단 걸 경험을 통해 알 수 있었다. 무조건 1년 기준에 8,000만 원이 아닌 내가 영업을 시작한 날의 기준에 12로 나누어야만 한다.

예시를 들어보면 10월 영업을 한다. 8,000만 원/12=대략 666만 원이 나온다. 그러면 영업한 기준일 10월, 11월, 12월, 3개월이다. 666만 원 X 3개월 = 2,000만 원 미만을 유지해야 간이 사업자를 유지할 수 있다. 일반 사업자와 간이 사업자를 보았을 때 간이 사업자를 유지하는 게 도움이 많이 된다. 이 부분 또한 챙길 수 있다면 도움이 될 것이다.

중간예납과 부가세 예정고지

중간예납은 종합소득세의 반절분을 미리 내는 제도이다. 예를 들어보겠다. 종합소득세가 1,000만 원이 나왔다. 한 번에 내는 부담감을 덜어주기 위한 조치라고 한다. 종합소득세의 50% 정도인 500만 원이 11월에 중간예납으로 나온다.

처음에 받았을 땐 무엇인지 몰랐다. 이건 연차가 2년 차에 들어갈 때부터 나오는 세금이다. 나중에 종합소득세가 적게 나오면 환급받을 수 있는 금액이긴 하나. 갑자기 생각지도 못한 11월에 세금이 나온다면 그달의 재무관리 또한 변수가 생길 수 있으니 이 부분도 체크하면 도움이 될 것이다.

부가세 예정 고지도 중간예납과 비슷한 의미이다. 보통 4월과 10월에 나온다. 이것 또한 전년도 부가세 고지 금액에 50% 정도인 금액이 나온다. 이것 또한 상반기 하반기 부가세가 적게 나오면 환급받을 수 있는 금액이나 갑자기 예상치 못한 금액이 발생하여 재무관리에 변수가 생길 수 있으니 알아두면 도움이 될 것이다.

사업을 하며 내야 할 세금을 정리해 보겠다. 1월과 7월의 부가세, 5월 종합소득세, 4월과 10월의 부가세 예정 고지, 11월 종합소득세 중간예납 이렇게 존재한다. 간이 사업자와 일반사업자에 따라 차이가 있다. 또한 금액에 따라 중간예납 및 예정 고지는 안 나올 수도 있다. 전년도의 내가 낸 세금에 따라 차이가 있으니 알고 있다면 도움이 될 것이다. 사람마다 모두 환경과 매출 구간들이 다다르니 보다 정확한 건 개인 세무사에게 문의하면 도움이 될 것이다.

내가 미리 이런 것들이 있다고 알고 있는 상태에서 물어봐야만 세무사도 그때 대답을 해 준다. 세무사는 미리 알려주진 않는다. 그래서 간혹 당황한 적도 있을 수 있다. 내가 재무를 어떻게 관리하느냐에 따라 갑작스러운 재무에 영향이 발생할 수 있다. 이런 것들이 아는 것과 모르는 것은 차이가 분명 존재할 것이다.

확정일자의 위력

　일단 결론부터 말해보겠다. 우리가 집을 계약하면 내 보증금을 지키기 위해 전입신고를 한다. 그 후 확정일자를 받을 것이다. 사는 집뿐만 아니라 상가도 똑같은 원리로 내 보증금을 보호해야 한다.

　상가 임대차 계약서를 작성 후 사업자를 내기 위해 세무서에 간다. 세무서에서 확정일자를 받을 수 있다. 건물주의 등기 권리 여부에 따라 어떨지 모르지만 일단 상가 임대차 계약서에 확정일자를 받으면 내 보증금을 받을 수 있는 확률이 더 높아진다.

　확정일자 기준을 몰라 집 임대차 계약서 작성 시에도 보증금을 못 받는 경우도 있다. 누구는 알 수도 있지만 모를 수도 있는 부분이라 한번 집고 넘어가면 좋을 것 같아 글을 남겨본다.

　등기권리증까지 깊게 들어가면 너무 많은 내용이 들어가고 이건 부동산의 영역이니 이쯤에서 정리하겠다. 대략 확정일자를 받으면 무조건 안 받는 것보다는 좋다고 생각하고 꼭 받아두자.

소상공인 대출을 활용하라

소상공인 대출은 사업주 기준에서 받을 수 있는 가장 실용적인 대출이다. 보통 영업기준 3개월 이후면 3,000만 원 정도 받을 수 있는 금액이다. 금리는 저금리로 활용할 수 있는 대출상품이다. 사업을 하면서 대출을 받아야 한다고 생각하면 가장 먼저 활용할 수 있는 대출 상품이다. 2023년 기준 3%대 금리를 사용하고 있다.

향후 실적에 따라 2년 기준에 좀 더 큰 비용을 받을 수 있다. 내가 아는 지인은 8,000만 원까지 대출을 받았다. 나 또한 2년이 넘은 기준에서 최대 5,000만 원 까지 대출을 받을 수 있었다.

사업 초반 대출을 받지 않았다고 해도 3,000만 원이란 돈은 언제든 저금리로 받을 수 있는 돈이니 이 부분까지 생각하면 심적 안정감을 가질 수 있을 것이다. 잘 활용하면 나에게 지렛대가 될 것이고 잘 활용하지 못하면 나에게 독이 될 수 있는 게 빚이다.

그러니 예비 자금으로 생각하고 활용하길 바란다. 내가 아는 지인은 사업을 시작하고 나서 가계가 잘되는 중이었다. 그 후 사업자 대출까지 당겨 고급 외제 차를 구매하였다. 그 후 매출이 저조해지며 힘든 시기를 보냈던 경험이 있었다.

꼭 대출은 필요한 곳에 내가 활용할 수 있는 곳에 활용하자. 사업이란 언제 어떻게 바뀔지 모른다. 나는 항상 내일도 망할 수 있다는 마음을 항상 갖고 일을 하고 있다. 그만큼 긴장감을 갖고 사업에 임하고 있다. 매일매일 바뀌는 환경 속에서 미래의 돈까지 끌어다가 활용하지는 말자. 예상하지 못 한 금액이 들어갈 수 있는 경우가 분명 존재한다. 그 예상하지 못한 금액을 위해 총알을 아껴두자.

중고매장 인수 시 퇴직금은 누가 책임지나?

가게를 인수하면서 양도양수 계약을 한다. 퇴직금 부분에 대하여 알아보려고 한다. 보통 양도양수 계약 시 회원님들의 승계 기구의 승계 보증금의 승계 등을 많이 하고 있다. 보이지 않는 돈이 있다. 바로 기존 직원들의 퇴직금이다.

양수 양도 계약 시 직원 승계에 대하여 꼭 퇴직금은 짚고 넘어가야 한다. 양수 계약 시 직원 승계를 하면서 퇴직금에 대해 승계할 건지 안 할 건지 이야기해야 한다. 그렇지 않으면 나중에 승계한 직원과 마찰이 생길 수 있다. 양수 양도 시 특약사항에 퇴직금을 인수하지 않는다고 작성해야 퇴직금을 인수하지 않을 수 있다.

그 부분 또한 승계 받는 직원 분들에게도 이야기를 해주어야 한다. 그렇지 않으면 서로의 입장차이가 발생하여 문제의 소지가 만들어질 수 있다. 직원은 직원대로 억울하고 양수받은 사업주는 사업주 나름대로 억울하다.

이미 팔고 나간 대표는 의무 소지를 다했기 때문에 책임지지 않는다. 그런 부분을 아무런 이야기 없이 진행하면 사업주가 모든 책임을 지게 된다. 이 부분 또한 체크하면 서로에게 도움이 될 것이다. 나도 이 부분에서 문제가 발생했고 노동청에 상담을 통화하여 알게 된 사실이다.

결국 돈으로 해결하면 되겠지만 사전에 알고 있었더라면 충분히 아낄 수 있었던 비용이라고 생각한다. 충분히 사전에 직원을 승계할 건지 승계하지 않을 건지 여부부터 꼭 정하고 퇴직금 관여해서 이야기하길 권장한다. 그래야만 서로 오해의 소지가 없이 일을 처리할 수 있을 것이다.

대출을 잘 활용하는 방법

　사업을 하면 보통 대출이 필요할 때가 있다. 대략 나열을 해보려고 한다. 소상공인 대출, 개인 신용대출, 담보대출, 전세자금 대출, 디딤돌 대출 등이 있다. 보통 1금융권, 2금융권, 사채 순으로 보면 되는데 보통 2금융권까지 넘어가는 건 추천하고 싶지 않다. 2금융권부터는 금리 차이가 크게 난다.

　그래서 1금융권 대출 받을 수 있는 방법들에 관해서만 이야기해보려 한다. 소상공인 대출 같은 경우는 3개월 기준과 2년 기준으로 나눌 수가 있다. 3개월 기준 3,000만 원 2년 넘어가는 기준 5,000만 원~8,000만 원 선으로 보면 될 것이다.

　담보대출 전세자금 대출 디딤돈 같은 경우는 나이 종합소득세에 따라 영향을 받는다. 종합소득세 기준에 기준점을 한번 이야기 해 보려고 한다. 내가 나라에서 저금리로 활용할 수 있는 전세자금 대출과 디딤돌 같은 경우는 신혼부부 기준 7,000만 원 미만, 일반 6,000만 원 미만이다. 그 구간을 지키면 된다.

보통 사업을 하면 종합소득세를 많이 신고하지 않는 경우들이 있다. 여기서 꿀팁을 하나 알려드리겠다. 금액을 애매하게 잡을 거 같으면 꼭 2,400만 원을 넘기지 말아야 한다. 보통 사업을 하면 카드를 많이 사용할 것이다. 예를 들면 대출을 받기 위해 연 소득 기준을 측정한다. 근데 내가 2,400만 원 미만을 유지하고 있으면 카드 사용 대금으로 소득수준을 올릴 수 있다.

예를 들어보겠다. 내가 종합 소득세가 2,000만 원이 나왔고 1년 카드 금액이 6,000만 원을 사용했다고 가정해 보자. 그러면 나는 2,000만 원에 대한 소득을 잡아 대출이 실행되는 게 아닌 6,000만 원에 대한 소득을 잡아 대출을 실행하여 보다 많은 금액을 대출받을 수 있다.

2,401만 원이 종합 소득세에 잡혀있다면 2,401만 원에 대한 소득으로 대출이 실행되어 원하는 금액만큼 대출을 실행할 수 없다. 이 부분도 미리 알고 있으면 보다 효율적으로 대출을 실행할 수 있을 것이다. 부가세는 내가 조절할 수 없지만, 종합소득세는 지출을 어떻게 잡느냐에 따라 충분히 세무사와 조율이 가능하다. 그렇기에

종합소득세 구간을 잘 설정하여 갑자기 필요한 자금이 생길 때 대출받을 수 있는 시스템을 항상 마련하면 보다 안정감 있게 사업을 운영할 수 있다.

제2장
헬린이에서 3호점 오픈까지

동업에서 독립으로

동업을 시작하며 의사결정의 문제로 독립하기로 결정하였다. 독립을 선언하기까지 3년 6개월이란 시간이 걸렸다. 그때 당시 나는 PT샵을 운영하고 있었다. 독립 선언 후 계속 발전해야만 했다. 독립하니 책임감이 더욱 강해진다. 동료에게 더 많은 월급을 줘야 한다. 비전을 만들어야 한다. 그렇게 나는 고민을 한다. 운명의 장난이었을까? 그때 때마침 3층에 있던 헬스장이 폐업을 한다. 나는 확장을 결심한다. 그렇게 난 독립하며 나름 성과를 만들어간다.

나는 동업을 좋아한다. 하지만 독립을 선언할 수밖에 없는 이유가 생겼다. 같이 일했던 동업 관계의 총괄대표가 이전을 추진했다. 대형 헬스장으로 바꾸자는 것이었다. 조건을 들어봤다. 그런데 조건이 좋지 않다. 더 많은 돈을 투자하여야만 했다. 그렇다고 현재의 조건보다 좋지도 않았다. 나는 계속 고민을 했다. 정말 진정한 독립의 길을 향해서 가야할 지 아니면 팀을 꾸려서 가야 할지에 대해서 생각해 봤다. 아무리 계산을 해봐도 답이 안 나왔다. 게다가 나는 대형 헬스장의 경험이 전무했다.

나는 이렇게 생각해 봤다. PT샵은 초등학교 소형 헬스장은 중학교 중형 헬스장은 고등학교 대형 헬스장은 대학교. 초등학생이 갑자기 대학교로 들어가라고 하니 감당할 수준이 아니었다. 또한 많이 고민해 봤다. 내 인생에 선택의 갈림길에 선 것이다. 어떤 방향이든 도전의 길이었다.

진정한 독립을 할 것인가? 규모를 넓혀서 대형 헬스장을 선택할 것인가? 고민 끝에 난 독립을 선택했다. 대형 헬스장의 지출구조와 리스크를 고려해보고 도전하고 싶지 않다는 결론을 내렸다. 아직은 내가 그 정도의 그릇이라고 생각하지 않았다. 욕심이라고 생각했다. 나는 한 단계 급하게 가지 말자고 생각하며 선택했다. 탈이 날 것만 같았다. 그때의 선택은 지금은 너무 잘한 선택이라고 생각한다.

그렇게 독립을 선언하고 모든 재무 정리를 한다. 지분을 넘기고 돈을 주고 명의를 바꾸고 진정한 1인 사업자로 탈바꿈한다. 항상 똑같은 일을 하였지만 명의가 바뀌니 이상하게 책임감이 더 강해진다. 부담감 또한 늘어났다. 여태까지도 혼자서 잘해왔으니 할 수 있을 거라고 나를 다독여본다.

그렇게 시간을 보내면서 나에게 또 하나의 기회가 찾아왔다. 다른 누군가에겐 힘든 시간이었겠지만, 아래층 사장님이 폐업한 것이다. 코로나 때문에 잠깐 휴식한 줄로만 알았었는데 어느 날 철거를 시작하고 있었다. 폐업이었다. 나는 그때 직원들에게 비전을 주어야만 했다. 같이 사업체를 늘리기 위해 시도를 했다. 직원들의 보다 많은 월급을 주기 위해서는 사업체를 늘리는 일을 해야 한다고 생각했다. 상가를 알아보는 과정에서도 쉽지 않았다. 위치 측면의 조건, 가격 측면의 조건 뭐 하나 쉬운 게 없었다.

그래서 난 생각을 전환해봤다. 4층 유산소를 3층으로 내리고 공간을 확보하면 4층에 더 많은 기구를 넣을 수 있다. 그렇게 하면 PT샵이 아닌 소형 헬스장으로 만들 수 있고 그렇게 하면 회원 등록을 더 받을 수 있다. 수요가 늘어나니 당연히 선생님들의 수업도 늘어나겠다는 게 나의 판단이었다. 이것 또한 나에게 운명이었다. 도전하자고 마음먹고 바로 실행했다.

3층 또한 여성 전용 운동센터였기에 인테리어에서는 손볼 곳이 없었다. 난 소자본으로 150평 규모의 소형 헬스장을 가질 수 있게 되었다. 코로나가 없었더라면 3층 또한 성업하고 있었을 것이다. 나싱 전용 그룹 PT를 하는 대상이었기에 그 시기에 타격이 컸을 것이다.

누군가에게는 뼈아픈 시기였을 것이다. 운도 따라주었던 것 같다. 그 상황에선 난 어떻게든 변화를 추구하였다. 그렇게 나는 독립을 하여 90평 규모의 PT샵을 운영하다가 3층을 확장하며 150평 소형헬스장의 대표가 되었다. 그 선택은 성공적이었다. 난 3개월 안에 투자금 회수를 모두 해냈다.

동업하라고 하면서 독립을 선언했다는 게 갑자기 모순이라고 생각하는 사람도 있을 수 있을 것이다. 나와 길이 맞고 뜻이 같다면 동업을 지속해서 유지할 수도 있지만 나와 뜻이 맞지 않고 다른 길을 택한다면 좋은 관계에서 또한 헤어지는 것도 현명한 선택이다.

그런 과정에서 나는 또 다른 동업자와 투자하여 현재 다른 업체도 운영하고 있다. 사업은 지속적인 파트너와의 사업이라고 생각한다. 만남이 있으면 헤어짐도 존재하며 그 헤어짐에서 배우는 것 또한 존재한다고 생각한다. 그런 규칙만 잘 정한다면 서로 도움이 될 수 있는 구조를 지혜롭게 만들어 갈 수 있을 거라고 생각한다. 그렇게 난 현재 독립적인 매장 1개와 동업 관계의 매장 2개를 운영하고 있다.

1,000만 원 계약금을 포기하다

마지막 직장을 그만두고 나도 이제 나의 매장을 차려봐야겠다고 다짐했다. 그렇게 용기 있게 시작했다. 도전했다. 그러나 결국 공황 장애로 인해 1,000만 원을 포기한다.

서울에서 트레이너 생활을 경험하고 평택에 내려와 오픈 멤버로 경험을 쌓은 후 어머님이 계신 천안으로 내려왔다. 그때 20대에 열심히 모은 전 재산이 딱 1억이었다. 그중 매물을 알아보던 중 보증금 3,000만 원에 권리금 7,000만 원인 매장이 나왔다. 매장의 대략적인 위치와 시설 사진을 보았다. 컨디션이 괜찮다. 규모 또한 2층과 3층으로 400평대의 헬스장이었다. 그렇게 매장에 전화를 해본다.

"안녕하세요. 인터넷 사이트 보고 연락드렸습니다. 매장 내놓으셔서 연락드렸습니다."

"네, 맞습니다."

"혹시 지금 가 봐도 될까요?"

"네, 알겠습니다. 기다리고 있겠습니다."

그렇게 나는 매장을 보러 갔다. 2층에 안내데스크와 요가실이 있다. 3층으로 올라간다. 샤워실과 탈의실이 있다. GX실 및 스피닝 룸이 2개가 있었다. 400평 규모의 토탈 피트니스였다. 중고 매장이라서 이 금액이지 실제로 처음부터 만들었다고 하면 절대 그 금액으로는 매장을 만들 수 없는 정도의 규모였다. 그때는 무슨 생각인지 몰랐지만 하늘이 주신 기회 같은 생각만 들었다. 내가 하면 무조건 성공시킬 수 있을 거 같았다. 나도 드디어 경제적 자유의 길로 갈 수 있겠다는 그런 상상을 해본다.

매장을 전체적으로 둘러보고 매장의 대표와 대화를 나눈다.

"매장 어때요? 이 정도 금액으로 이런 컨디션은 절대 구할 수 없을 거예요. 제가 정말 힘들고 급해서 매각하는 거지, 그게 아니었다면 계속 운영했을 겁니다."

헬스장은 매물이 어마어마하게 많이 나와 있다. 대부분 매장을 하는 대표님들이 이렇게 말한다.

"우리 헬스장은 무조건 순수익 1천만 원 보장입니다. 직원으로

만 해도 그 정도는 나와요."

그런데 여기서 의문점이 든다. 그렇게 하면 그냥 쭉 하지 왜 내놓는 걸까? 현실적으로 월 1천만 원을 번다는 게 정말 쉬운 일인가? 내가 매장을 오픈하려고 했던 시기에는 그나마 조금 먹혔던 것 같다. 그러나 지금은 정말 어림도 없다. 코로나 이후로 매물로 나온 매장은 수도 없이 많아졌고 우리 커뮤니티 사이트에는 매물이 숫자 세기도 힘들 정도로 많이 나와 있다. 그때는 그런 경험들이 없었다. 그냥 남들에게 잘 보이고 싶었고 내가 다니던 곳에 나와서 이 정도 규모의 헬스장을 차렸다. 내면에서 자랑하고 싶은 욕구가 강했던 시기라 그 말에 홀려 해보겠다고 말했다.

그렇게 계약금인 매매가의 10%인 1,000만 원을 그 자리에 계약했다. 그땐 무슨 깡다구였는지는 잘 모르겠다. 나는 헬스장에서만 근무를 해보았다. GX를 함께하는 헬스장에서 근무해 본 적은 없었다. 그렇게 내면에서 도전하면 할 수 있어 무조건 난 잘해왔으니 성공할 거라는 마인드를 주입식으로 심어본다. 무식해서 정말 용감했다. 아는 형에게 자문하기 위해 전화를 했다.

"형, 나 GX 있는 토탈 피트니스를 운영하기로 가계약을 했어요."

"그렇게 빨리?"

"고정비는 얼마 정도 나오는데?"

"대략 2천만 원 정도 넘는 거 같아요."

"많이 드네. 여유자금은 있고?"

"아니요. 여유자금은 없어요. 지금까지 모른 돈 탈탈 털어야 매장을 가져올 수 있거든요. 어떻게든 발로 뛰어서 수익 만들어야죠."

"음, 그래. 이왕 하기로 했으니깐 열심히 해봐. 내가 도와줄 수 있는 건 도와줄게."

그렇게 전화 통화를 종료한다. 말은 열심히 해보라고 했지만 말속에서 나오는 감정은 나를 엄청 걱정하는 말투였다.

그 순간 나는 심적 불안감을 느꼈다. 천천히 곰곰이 생각해 보기 시작한 것이다. 1억으로 절대 만들 수 없는 건 확실히 맞다. 객관적으로 생각해 봤을 때 과연 내가 운영하기에 준비가 되어 있을까? 고민을 시작해 본다. 그날 잠을 자야 하는데 잠을 잘 수가 없다. 심장이 너무 뛴다. 여태까지 겪어본 적 없던 두통이 나를 찾아온다. 머리 전체가 울린다. 꿈인지 생각인지 모르겠지만, 나의 앞날들이 마구마구 지나간다. 심적 압박감을 크게 느끼며 밤을 지새운다. 다음 날 이런저런 인수인계를 받기 위해 다시 매장에 찾아가 본다.

매장에 들어가는 동안 첫날의 느낌이 오지 않았다. 저녁에 가서 받을 때와 낮에 보는 느낌의 차이가 있었다. 내가 생각한 그림이 아니었다. 그렇게 관장님에게 좀 더 상세하게 업무에 대해 들었다.

"대표님, 일단 월세는 위 아래층 다해서 650만 원입니다. 빨래는 업체에 맡겼는데 월 120만 원이 나오고요. GX 강사님들은 요가 선생님 3명, 스피닝 강사님 3명, 보디 펌프 강사님 1명, 총 이렇게 해서 대략 한 달에 고정으로 350~400만 원 정도 나갑니다. 그리고 전기세 100~200만 원 정도 나오고 있습니다. 그리고 나머지 트레이너 선생님들은 매출 구간에 따라 다르며 현재 4분의 선생님이 계시고 1인당 평균 300~350만 원정도 나가고 있습니다."

"네. 알겠습니다."

더 심한 가슴에 통증이 찾아온다. 한 달에 고정비 대략 2천만 원이라고 한다. 내가 모은 1억은 정말 큰돈이 아니었구나. 정말 그 정도 모으면 세상을 다 가질 것만 같았는데. 현실은 내가 잘못 운영한다면 5달이면 사라지는 돈이었다. 그렇게 생각하니 숨이 막힌다. 그렇게 이야기를 듣고 일단 나오게 된다. 머리가 아프다. 숨쉬기가 힘들다. 혹여나 내가 잘못될 경우에 어머님은 나에게 어떻게 해주실까? 내가 잘못되면 분명히 나를 도와주려고 하실 텐데. 나 하나 잘못되면 상관은 없다. 하지만 나로 인해 어머님이 피해 본다는 생각이 들면서 더 심한 통증이 나를 찾아온다.

그렇게 나는 일단 병원을 찾아간다. 공황장애라고 한다. 이렇게 짧은 순간에도 공황장애가 올 수 있구나. 난 건강했다. 아프지 않았다. 그런데 이렇게 심적 압박감을 받아 본 적이 없다. 그렇게 일단

약을 받고 나오게 된다.

"아, 계약금을 걸었는데 어떡하지? 주위 사람들에게 다 떵떵거리며 말했는데 창피해서 어떡하지?"

생각을 하며 집으로 돌아온다. 나는 어머니에게 말했다.

"엄마, 내가 혹시나 가게를 운영하는데 자금이 모자라면 도와줄 수 있어?"

"얼마나?"

"그건 잘 모르지. 일단 내가 돈이 있긴 한데 여유자금이 없고 여태까지 모은 돈으로 해야 하는데 운영을 하다가 부족할 수도 있지 않을까 하는 생각이 들어서."

"그래도 아들이 하고자 하는 꿈이었는데 엄마가 도와줄 수 있는 부분은 어느 정도 도와줘야지."

그렇게 어머니가 말한 순간 고맙다기보다는 너무 미안했다. 역시나 내가 생각했던 대답이 나왔다.

"아니야. 너는 이제 성인이야. 네가 알아서 책임져야지."

어머니가 이렇게 말씀하시기를 바랬다. 하지만 역시 부모는 부모인가보다. 자식이라고 하면 하염없이 어리게만 보이는, 아무리 커도 내 새끼니깐 해줄 수 있는 건 다해줘야 한다는 책임감이 있는 것 같다.

그 말은 들은 순간 더 심한 통증이 날 찾아온다. 내가 도대체 무엇을 위해 이렇게 하는가? 남들한테 잘 보이고 싶은가? 그렇게 내가 잘되면 남들이 나를 정말로 부러워할까? 그렇게 이틀 밤 또한 밤을 샌다. 통증이 멈추질 않는다. 정말 이러다가 나 죽는 거 아니란 생각을 해본다.

무려 1천만 원이다. 내가 안 한다고 하면 과연 돌려줄까? 안 돌려줄 것 같은데. 그래도 그 순간 다시 생각해 본다. 나 이러다가 정말 돈을 벌기 전에 죽을 수도 있을 것 같다는 생각이 들었다. 어머니에게 피해드리고 싶지 않다. 어렸을 적 고생시킨 게 너무 많아 목에 칼이 들어와도 어머니에게 손 벌리고 싶지 않았다.

그래, 포기하자. 인생에 돈이 전부는 아니다. 일단 내가 살고 보자. 그리고 어머니에게 심적 불안감을 드리지 말자. 내가 포기하면 모든 게 편안해질 것이다. 그렇게 난 포기하기로 결심한다. 매장의 대표에게 전화했다.

"안녕하세요."

"네. 안녕하세요. 무슨 일 있으실까요?"

"다른 게 아니라 죄송한데, 저 매장 운영을 못하겠습니다."

"네? 갑자기요? 왜요?"

"제가 계속 생각해 봤는데, 아직은 제가 능력이 되질 않아 할 수가 없을 것 같습니다."

"아. 네."

"그래서 말인데 저 정말 죄송한데 보증금 돌려주실 수 있을까요?"

"지금 장난하세요? 대표님이 매각한다고 해서 일정 조율이랑 이 것저것 스케줄에 맞추어 계약금 들어간 게 있는데 저도 그것들 다 취소하고 일정도 다시 다 짜야 합니다. 그리고 대표님 오시기 전에 3명 정도 더 왔다 갔는데 가게 팔렸다고 하고 그분들하고도 이야기 다 해놓았는데. 안 됩니다. 절대 안 돼요. 저도 피해가 막심합니다. 그럴 경우를 생각해서 가계약금도 받는 건데. 잔금 처리를 해서 매장을 운영하시든 1,000만 원을 포기하시든 둘 중에 하나 하세요. 소송하고 싶으면 소송하셔도 상관없습니다. 법적으로 저는 문제될 게 없으니깐요."

"네, 알겠습니다."

난 그때 당시 나에게 엄청나게 큰 1천만 원을 아무것도 시도조차 하지 못하고 날렸다. 그렇게 좌절한다. 아, 나는 안 되는 놈이구나. 나는 이쪽 바닥에서 일하면 안 되겠다. 그냥 직장생활이나 하고 다시 돌아가자고 생각했다. 돈에 욕심은 많았고 남들에게 잘 보이고 싶었다. 뭐가 있는 것처럼 나 400평 규모의 헬스장을 가지고 있어 자랑하고 싶었나 보다. 그렇게 난 1,000만 원이라는 인생 공부를 하게 되었다.

선생님으로 교육하는 것과 운영은 정말 다르다고 뼈저리게 느꼈다. 나에게 맞지 않는 옷을 입는다는 느낌이 들었다. 욕심이 과했다. 나는 그때 당시 그럴 그릇이 되지 못하였다. 내가 경험하고 일해 왔던 것들을 바탕으로 사업을 선택해야만 했다. 지금 생각해 보면 너무 무리했던 게 실패의 원인이었다. 내 그릇이 아니었다. 하지만 그 실패가 있었기에 현재가 존재한다고도 생각한다. 자기 그릇은 분명 존재한다는 것을 느끼는 순간이었다.

첫 창업을 시작하다

나에게 희망의 전화가 한 통이 온다. 지금에 와서 생각해 보면 느끼게 된다. 어떤 사람을 만나느냐에 따라 인생이 한순간에 바뀔 수 있다. 나에게 무기가 있다면 언제든 그 기회는 끈을 놓지 않은 나의 마음 때문에 찾아온 것 같다. 도전했고 결국 실패라고 생각할 수 있지만 그 비싼 1,000만 원의 계약금을 포기함으로써 다시 시작할 수 있는 계기가 되었다. 예전 내가 헬스장 회원 때 같이 지냈던 트레이너 형에게 전화가 온다.

"여보세요. 너 SNS 보니깐 가게 포기한 것 같던데. 맞니?"

"네, 맞아요. 형. 계약금은 포기했고 저 다시 예전에 일했던 곳에 들어가서 일하려고 합니다. 트레이너 일은 그만두려고요. 제가 생각한 마지막인 창업을 전 포기했거든요. 창업할 돈도 없고요. 현실적으로 할 수 없다는 게 제 판단입니다. 이제 나이도 서른 살이고요. 안정적으로 버는 직업을 택해야 할 것 같아요."

"음, 그래. 안타깝네. 계약금 포기했다고 들어서 그러는데 혹시 너 우리 매장 중에서 하나 맡아서 해볼 생각은 없니? 사람이 필요하긴 하거든. 한번 도전해 보지 않을래? 돈도 그렇게 많이 들어가지 않는 거로 알고 있어. 네가 생각만 있다면 한번 만나보는 건 어때?"

"네. 일단 알겠습니다. 어차피 바로 취직할 수 있는 상황은 아니어서 한번 만나 볼게요."

그때 당시 PT샵을 10군데 정도 운영하는 곳이었다. 20대 때도 많이 들었던 곳이라 신뢰성은 내 머릿속에 인식되어 있어서 사기라는 생각은 하진 않았다. 그렇게 난 총괄 대표를 만나게 된다.

"안녕하십니까?"

"네, 안녕하세요. 익히 들어서 잘 알고 있습니다. 만나서 반갑습니다. 아산에 위치한 샵이 하나 있는데 아주 머리가 아파서요. 가만히만 있어도 500만 원은 그냥 나가고 있는 매장이라서 한번 맡아봐서 해볼 생각은 없나요?"

그 매장은 직원 3명이였는데, '-500만 원'씩 적자가 계속 나고 있던 매장이었다. 그때 생각한다. 아, 무조건 카린다고 해서 월 1천만 원을 벌 지는 않는구나. 그렇게 해서 기본급 180만 원 순수익에서 5:5 지급이고 적자가 나든 흑자가 나든 비율제로 나눠 갖은 형태이다. 시설 권리에 대한 권리를 파는 게 아닌 운영에 대한 권리만 파는 것이다. 그렇게 계약 기간은 2년으로 정한다. 2년의 연장으로 임대차와 동일하게 기간 만료 시 자동 연장 또는 해지할 수 있다. 월세 공과금만 계산했을 때 200~300만 원 정도 나온다. 나는 머릿속으로 계산을 해 본다.

일단 1인 관장을 한다고 생각해 보면 고정 지출이 300만 원을 잡아본다. 내가 정말 운영을 못해도 내 기본급에서 삭감하면 내가 가지고 있는 돈에서 지출이 생기진 않겠느냐는 계산을 빠르게 해본다. 그래도 이쪽 업계에 들어왔는데 한 번쯤은 시도해 봐야 후회하지 않는 삶을 살아갈 수 있지 않을까? 정말 내가 보증금까지 다 없어진다고 해도 내가 현재 가지고 있는 돈에서는 남기는 한다.

어머니에게도 손 안 벌릴 수 있는 정도의 규모다. 한번 해보자. 이때 아니면 언제 해볼까? 정말 돈을 많이 번다는 생각보단 경험한다고 생각하고 나중에 내 마음속에서 후회가 남지 않기 위해 일단 한번 도전해 보자. 그전 매장은 400평이었고 고정 지출이 2,000만 원, 지금 매장은 100평이고 고정 지출 300만 원이다. 이게 내가 처음 시작하기에 나한테 맞는 그릇이 맞다. 좋다. 한번 시작해 보자. 리스크는 거의 없다.

그렇게 나는 2017년 3월 첫 운영을 시작하게 되었다. 나는 운영에 대한 경험이 전혀 없었다. 27살에 트레이너로 처음 일하기 시작하였고 3년이란 시간 동안 트레이너로만 일했다. 전체적인 운영에 대한 경험은 전무했다. 지금 생각해 보면 무슨 자신감이었을까? 그래도 수업은 잘할 수 있다고는 생각했다. 그전 센터에서 매출을 1등을 해본 경험도 있었다. 안일하게 생각했다. 나는 운이 좋은 사람이니까 무조건 할 수 있을 거야. 실패는 성공의 어머니라고 한다. 아무것도 실행하지 않으면 아무것도 변하지 않는다고. 진짜 아무런 준비 하나도 없이 그냥 난 수업은 할 수 있어. 도전하자는 마음으로 시작한다. 나는 그렇게 맨땅에 헤딩하며 시작한다.

그렇게 1,000만 원의 보증금을 날리고 첫 창업을 시작했다. 실패했고 도전도 했고 실행도 해보았다. 나에게 맞는 그릇이 분명 존재했다. 그때의 1,000만 원을 포기하고 그 1,000만 원을 포기한 덕분에 나는 현재 3개의 업체를 운영하고 있다. 현재에서 왔을 땐 그 포기했던 1,000만 원이 있었기에 내가 현재 여기까지 오게 될 수 있었다고 생각한다. 그때 몰아붙여서 진행했다고 하면 내 미래는 어떻게 되었을지는 모르겠다. 하지만 지금 그때의 경험이 있었기에 그 1,000만 원을 포기했던 경험이 나에겐 행운이었다.

한 치 앞도 내다볼 수 없는 나날들이다. 매 순간이 정말 중요하다. 당연히 항상 옳은 선택만 하면 좋겠기만 항상 옳은 선택만 히기란 쉽지 않다. 하지만 이건 분명한 것 같다. 어떤 행위를 하면 그로 인하여 나에게 무엇이든 변화가 있다. 기회가 올 수 있다. 포기하지 않고 도전한다면 언제든 인생은 달라질 수 있다고 생각한다. 나는 그때의 기억이 많이 남아있다. 자신의 돈 그릇은 정해져 있다는 것을.

그런 와중에서 내가 가고자 하는 목표에는 몰입한다. 목표를 가기 위해 많은 길이 존재하지만 하나이기에 계속 도전을 한다. 이렇게 글을 쓰는 것 또한 그 목표에 올라가기 위해 하는 수단 중 하나이다. 그렇게 난 오늘도 움직인다. 실행한다. 도전한다. 유지한다.

대표가 되고 18시간 일한다

대표가 되면 행복할 줄로만 알았다. 나의 꿈이었기 때문이다. 하지만 시간이 지나니 그것도 아니었다. 직장생활을 했던 나날들보다 업무는 몇 배 더 많아졌다. 내가 그토록 좋아했던 운동도 열심히 할 수 없게 되었다. 나의 업장을 소유했다고 해서 막상 좋은 것만은 아니었다.

헬스장은 보통 새벽 6시부터 자정까지 운영을 한다. 지금은 아니지만 예전에 운영 시간은 새벽 6시 오픈, 오후 11시 마감이었다. 내가 수업하지 않고선 이윤을 창출할 수 없기에 나 또한 수업한다. 뿐만 아니라 전산 업무를 한다. 상담한다. 온라인 마케팅을 한다. 전단지를 돌린다. 청소한다. 직원 관리를 한다. 전체적인 회원님들을 관리한다. 대표는 혼자서 센터의 모든 일을 다 할 줄 알아야 한다. 트레이너 생활을 할 때는 몰랐다. 대표가 되면 이렇게 많은 것들을 신경 쓰고 돌봐야 한다는 것을 말이다.

그렇게 초보 사장은 몸으로 다 때워야만 했다. 누구도 알려주는 사람도 없다. 고민만 쌓여간다. 스트레스를 받는다. 반복된 삶을 살아간다. 몸으로 부딪치면서 하나하나 배워간다. 대표라는 직함의 무게가 있기에 트레이너 일을 하는 친구들에게 의지할 수 없다. 피트니스 바닥에 들어온 지 많이 되지 않았기에 아는 대표들 또한 없었다. 그렇게 혼자 맨땅에 헤딩을 해본다.

도와주는 직원도 있었다. 하지만 나의 마음을 모를 것이다. 하는 일이 다르니 알 수가 없다. 퇴근하고서도 마음이 편하지 않다. 내일은 어떻게 홍보하고 상담을 만들까? 상담하고 어떻게 회원님을 유치시킬까? 하루하루 매출에 대한 고민이 끊임없이 나의 머릿속에 맴돌고 있다. 이게 과연 내가 원하는 삶이었을까? 이렇게 힘든 직업이었으면 하지 않았겠느냐는 생각도 해본다. 힘들게 일한 만큼 극적으로 돈을 더 많이 버는 것도 아니었다. 우리 업계 나와 같은 규모의 대표들은 다 이런 고민을 할까? 대부분 소형 매장들은 대표가 모든 업무를 진행하고 있다. 내가 아는 대표님들은 대부분 수업을 현재도 하고 있다.

대표의 자리는 너무나도 외로운 자리이다. 아무리 직원들과 앞에서 웃고 한다고 해도 내 속의 이야기를 전달할 수 없다. 내 기분에 따라 센터의 전체적인 공기가 달라진다. 내가 기분이 안 좋은 날, 내 얼굴에 티가 나면 매장의 공기 또한 영향을 받는다. 직원들의 컨디션도 조절해 줘야 하기에 나는 혼자 안 보이는 곳으로 가 생각을 해 본다. 나는 항상 긍정적이어야 한다. 그래야만 직원들에게 영향을 줄 수 있다. 힘든 일이 있어도 이겨내야 하고 속 쓰린 일이 있으면 혼자서 삼켜야 한다. 그게 내가 선택한 길이다.

처음에는 18시간을 근무한다는 게 너무 힘이 들었다. 이렇게까지 일을 한다고 해서 내가 어떤 부귀영화를 누릴 수 있을까? 며칠 전 소형 매장들의 폐업 사례를 들었다. 처음에 창업을 시작한다. 큰 기대감을 가진다. 직원을 고용한다. 직원과의 마찰이 생긴다. 사람으로 인한 스트레스를 많이 받는다. 차라리 이렇게 스트레스 받을 거라면 차라리 내가 수업을 많이 하고 만다. 수업을 많이 하기에 너무 힘이 들어 다시 사람을 뽑아본다. 직원이 뽑히질 않는다. 어쩔 수 없이 수업을 진행한다. 건강이 안 좋아진다. 성대 결절이 온다. 체력이 급격하게 떨어진다. 나의 운동 또한 제대로 할 수 없다. 그러다 점점 적자가 나기 시작한다. 대표의 컨디션이 안 좋으니 분명 영향을 끼친다. 수업의 퀄리티가 낮아진다. 나의 표정이 안 좋아진다. 정신력 또한 흔들린다. 결국 매각을 결정한다. 매물을 올려본다. 빨리 시가 않는다. 계속 버티다가 폐업하게 된다. 보증금으로 철거 및 환불을 해야 하기에 나에게 들어오는 돈은 없다. 이렇게 악순환을 겪으면서 폐업을 하고 이 업계를 떠나는 사람 또한 많이 존재한다.

잘되는 매장도 분명 존재한다. 안 되는 매장도 분명 존재한다. 비율을 보았을 땐 폐업하고 매각하는 매장들이 훨씬 많다. 나 또한 이런 시기들이 왔었다. 하루 18시간 일을 하며 내가 과연 꾸준하게 할 수 있을까? 그 18시간 동안 하나의 일이 아닌 여러 가지의 일을 나 혼자서 과연 감당할 수 있을까? 과연 직원들이 주인의식을 갖고 나처럼 일할 수 있을까? 나는 절대 할 수 없다고 생각한다. 내 것이 아닌데 어떻게 주인의식을 갖고 일하라고 말할 수 있을까? 그래서 난 전반적인 일을 맡길 수 없이 내가 모든 걸 다 해왔다. 시간이 점점 지나다 보니 나의 몸에도 한계가 온다. 내가 운동을 좋아해서 이 일을 시작한 건데. 대표의 일은 운동을 좋아하는 것과는 별개이다. 오히려 현재 나의 위치가 나의 취미였던 운동을 없애버리게 만들었다. 나이가 들고 지켜야 할 가족도 있다. 직원들도 있다. 운동을 제대로 할 수가 없다. 1시간 동안 운동할 시간에 1시간 동안 나가서 홍보하면 뭔가 마음이 편안하다. 외부에 나갔기 때문에 기대를 해본다. 상담 전화가 올 수 있다는 걸 생각한다.

그렇게 운영을 하다가 더는 안 되겠다고 생각했다. 생각을 전환해본다. 마음을 좀 내려놓기로 한다. 주인의식이 없으면 어때냐. 직원들이 있는 것만으로도 나에게 큰 도움이 된다. 적자만 나지 않고 생계에 지장만 없다면 돈을 조금 벌어가도 상관없다. 한 달에 내가 벌어야 할 목표치를 설정했기에 그 돈에 도달하지 못하면 스트레스를 받곤 했다. 지금은 그런 설정 자체를 하지 않는다. 그러니 한결 마음이 편안하다. 하루 이틀 일하는 게 아니기 때문에. 인생은 장기 마라톤 싸움이다. 내 건강을 해치면서까지 돈을 벌고 싶지 않다. 예전에는 무리하게 일을 해서 돈을 벌려고 했다. 지금은 그렇지 않다. 단기적으로 보지 않고 꾸준하게 끈기 있게 버티는 삶을 선택해 본다.

그렇게 생각하니 마음이 조금 평온하다. 여태까지 빨리 성공해야지. 빨리 많은 돈을 벌어야지. 내 스스로 압박을 해주었다. 그걸 좀 내려놓으니 달라졌다. 화내는 일도 적어졌고 사람을 보는 시야도 또한 달라졌다. 일을 하면서 생각을 해본다. 내가 진정성을 갖고 회원님들이 건강한 삶을 살아갈 수 있게 도와드리고 하루하루의 스트레스를 풀어드릴 수 있으면 된다. 그냥 시간 때우는 게 아닌 회원님만을 위해 돌본다고 한다면 그 진실한 마음만 알아준다면 운영은 알아서 될 거라고 생각한다.

그렇게 직원들의 보는 눈도 실적이 아닌 태도를 보게 된다. 선생님이 정말 열심히 회원님만을 위해 수업을 하는지. 하는 일을 사랑하고 있는지. 보람을 느끼면서 근무하고 있는지. 지금은 그걸로 충분하다. 예전에는 직원의 스펙만을 보았던 것 같다. 그러니 내 생각과 맞지 않는 선생님들도 분명 존재하였다. 생각을 전환하고 태도에 대해 생각하니 그에 맞는 선생님들과 현재는 함께하고 있다. 그렇게 마음을 좀 내려놓으니 18시간 근무를 하지 않는다. 생각의 전환이 나에게 평온함을 안겨주었다.

경쟁업체의 공격

대전에서 매장을 오픈하면서 있었던 이야기다. 오픈을 준비하고 있기에 홍보에 박차를 가한다. 그러다가 전화가 온다. 시청이다. 우리 건물에 단 대형 현수막을 떼라고 한다. 같이 먹고 살자고 하는 일인데. 바로 신고를 한다. 알겠다고 하고 업체에 일정을 잡아본다. 미리 작업이 있어 좀 오래 걸린다고 한다. 그렇게 2주일이 지나 벌금 고지서가 날아온다. 나는 이의신청서을 준비한다.

건물 외부에 다는 현수막도 불법이라고 한다. 우리 건물, 우리 라인에 설치하였는데도 문제가 생겼다. 다른 외부 건물을 쳐다본다. 다른 외부 건물은 그대로 붙어 있다. 나는 담당자에게 물어본다.

"담당자 님, 나른 건물도 외부에 현수막이 설려있는네 왜 우리만 철거해야 하나요? 누구는 철거하고 누구는 그대로 유지하고 있으면 형평성에 안 맞는 거 아닌가요?"

"저희도 신고 들어오는 거만 처리합니다. 신고 들어오지 않는 거는 처리하고 있지 않습니다. 사장님 매장에 민원신고가 들어와서 철거해 주셔야 합니다. 1주일 안으로 철거해 주세요."

경쟁 업체에서 신고했다. 마음 같아선 우리만 억울하게 철거하는 거 같아 다른 곳도 철거해달라고 말하려다가 참았다. 우리 업계의 문제이지 다른 사람에게까지 불똥을 튈 일은 아니지 않는가. 그렇게 알겠다고 전화를 마친다.

나는 철거업체에 전화한다. 일정을 조율한다. 업체가 밀린 일이 많아 2주는 걸린다고 한다. 그렇게 나는 알겠다고 하고 일정을 잡는다. 그렇게 1주일이 지나 매장에 지료가 날아온다. 그렇게 시청에 이야기하고 철거한다는 생각만 하고 있었지 전화할 생각은 못 했던 거다. 그리고 신고한 업체에서 계속 전화하고 괴롭혔다고 한다. 왜 조치하지 않느냐고 일을 왜 안 하냐고 하면서 그러니 공무원 분들도 스트레스를 받던 상황이었다.

나는 시청에 전화한다. 자초지종 설명한다.

"담당자 님, 제가 철거를 안 하려고 한 게 아니고요. 업체에 전화했는데 업체에서 일정이 많이 잡혀있어서 못 한 거예요. 일부러 안 한 게 아닙니다."

"사장님, 저희도 어쩔 수 없습니다. 말씀을 드렸고 민원이 계속 들어와서 저희도 어쩔 수 없는 조치였습니다."

아, 정말 화가 났다. 다른 업체는 덩그러니 그대로 있는데 내가 안 한다고 안 하겠다는 것도 아니고 업체에서 일정이 조율이 안 돼서 못 하는 걸 어떻게 하라는 말인가. 그렇게 나는 사정해 본다.

"담당자 님, 정말 경기도 너무 안 좋고 저희도 먹고살려고 하는 건데 저희가 일을 해야 나라에 세금도 내잖아요. 이번에 금리도 올라서 대출이자도 너무 많이 내고 정말 힘듭니다. 한 번만 봐주세요."

일단 내가 잘못한 일이니 사정사정 해본다.

"저도 민원 처리한 것이라서 어쩔 수 없습니다. 그래도 방법을 하나 알려드리면 혹시 모르니깐 이의 신청서를 한번 써보세요. 그렇게 해서 검토해서 안 내는 경우도 있더라고요."

"네, 일단 알겠습니다. 다시 한 번 말씀드리지만 저희가 정말 안 하려고 한 게 아니고 못 한 겁니다. 예약도 하고 있었습니다."

그렇게 담당자와 전화를 마친다.

벌금이 100만 원 나왔다. 철거업체를 부르는 돈도 있는데 손해가 한둘이 아니었다. 같이 동업하는 분은 그냥 내고 말자고 한다. 똥 밟았다고 생각하자고 말한다. 안 하려고 한 것도 아니고 다른 업체들은 그대로 있는데 형평성에도 어긋난다고 생각한다. 나는 이의

신청서를 쓰기 시작한다.

　민원으로 인한 스트레스를 받게 해드려 정말 죄송한 마음입니다. 저희가 건물 내에 현수막 설치는 가능하다고 생각했습니다. 그래서 설치했습니다. 그 후 담당자님께서 철거하라는 연락이 왔다. 나는 알았다고 하고 업체에 문의했다. 업체 담당자는 일정이 많이 잡혀 있어 2주는 걸린다고 한다. 그렇게 2주 후 스케줄을 잡았다. 증거 자료를 같이 보냈다. 주위를 둘러본다. 우리만 신고가 들어갔다고 우리만 철거해야 한다고 한다. 정말 형평성에 어긋난다고 생각한다.

　'다음 날 이제 철거를 들어갑니다. 담당자님께서 주의 준 걸 무시한 게 절대 아닙니다. 요새 정말 경기가 어렵습니다. 고물가, 고금리, 고환율의 시대입니다. 정말 힘들게 창업을 준비하고 있습니다. 일정이 꼬여서 그런 거니 부디 제발 한 번만 용서해 주세요. 다음부터는 안 그러겠습니다. 심려 끼쳐서 죄송합니다.'

　이렇게 나는 이의신청서를 보낸다. 며칠 후 담당자님께 전화가 온다.

　"사장님, 사유서는 잘 받았고요. 어제 순찰하니깐 철거하셨더라고요. 그래서 과장님이 이번만은 한번 봐 드린다고 말씀해 주셨습니다."

　"아, 정말요. 감사드립니다."

"네, 다음부터는 설치하시면 안 돼요. 수고하세요."

"네, 알겠습니다."

내가 어떤 태도로 상황을 바라보느냐에 따라 상황은 바꿀 수도 있다고 다시 한 번 느낀 계기였다.

내 자리를 지키는 사람은 바로 나다

사업을 한다. 그런데 경험이 없다. 하지만 그냥 한다. 경쟁업체가 생긴다. 고물가가 온다. 트렌드가 바뀐다. 투자해야 한다. 모두 경기가 안 좋다고 한다. 그렇게 말할 시간이 있으면 뭐라도 하나 더 하자. 블로그를 하자. 전단을 하자. 회원님 운동을 알려드리자. 지치지 말자. 그런 핑계를 댈 생각이 있으면 사업을 시작하지 말았어야 한다. 절대 포기하지 말자.

직장생활을 하는 것과 사업을 한다는 건 완전히 다른 일이다. 사업에 대해 배우지 못했다. 정확히 아는 게 없다. 몸으로 해결해야 했다. 부딪쳐야 했다. 그렇게 하나하나 배워간다. 나의 삶은 경기가 좋은 적이 없었다. 아무것도 몰랐다. 하나하나 몸으로 배우며 느꼈다. 주위에 경쟁업체가 들어온다. 깨끗한 매장이 들어온다. 규모가 큰 업체가 들어온다. 나와 같은 카테고리의 매장들이 많이 생긴다. 고물가. 고금리. 고환율이 찾아왔다. 그런데도, 나는 항상 긍정적인 마음으로 어려움을 이겨내기 위해 노력한다.

나는 작은 헬스장을 운영하고 있다. 경쟁사들이 늘어나고, 경기 침체로 인해 매출이 줄어들었다. 살아남아야 한다는 생각이 머릿속에 맴돌고 있다. 포기하지 않는다. 나는 어려움을 마주하면 항상 긍정적인 면을 찾으려 노력한다. 고객 서비스를 더 개선하고, 새로운 운동 프로그램을 제공하여 고객들에게 더 큰 가치를 제공하기 위해 고민한다. 프로그램을 계속 시도해 보고 그중에 호응이 좋은 프로그램에 활성화를 시켜본다. 그런 마음을 회원님들에게 전달한다.

회원님들은 나의 긍정적인 태도에 영감을 받는다. 센터의 웃음과 따뜻한 인사는 회원님들이 좋아 해주신다. 그 결과, 회원님들은 더 자주 찾아주었다. 그들의 추천으로 새로운 고객들도 찾아왔다. 저자는 계속해서 스스로를 개선하고 비즈니스를 향상하는 데 노력했다. 새로운 아이디어를 찾고, 경영 전략을 다시 고민한다.

사업을 하면서 주위에서 많이 듣는 말이 있다. 요새 경기가 너무 안 좋다. 장마 기간이라 사람이 안 온다. 휴가철이라 사람이 안 온다. 명절이라 돈을 안 쓴다. 가정의 달이라 돈을 안 쓴다. 물가기 비싸져서 돈을 아낀다. 사람들의 소비 심리가 많이 위축되어 있다.

헬스장은 마트와 다르다. 생필품처럼 어쩔 수 없이 살 수 있는 상품은 아니다. 몸은 단기간에 좋아지진 않는다. 예방 차원에서 하는 상품이다. 그렇기에 아낄 수 있으면 충분히 아낄 수 있는 게 운동이다. 소비에도 우선순위가 있다. 운동은 후순위에 있다.

하지만 건강한 삶을 살아가기 위해선 예전보단 인식이 아주 좋아졌다. 건강을 많이 생각하는 시대가 왔다. 그만큼 경쟁업체 또한 기하급수적으로 많이 늘어난다. 모두 힘들다고 한다. 매출이 반토막 이상으로 떨어졌다고 한다. 하지만 그중에서도 맛집은 대기가 있다. 언제까지 그렇게 신세 한탄만 할까? 긍정적인 생각만 해서도 살아남기 힘든 요즘 시대이다.

나는 생각을 바꿔본다. 하소연을 한다고 해서 바뀌는 게 있을까? 부정적인 생각을 한다고 해서 바뀌는 게 있을까? 오히려 나의 정신건강만 갈아먹고 있다. 8년 동안 운영하면서 느낀 게 있다. 안 되면 될 때까지 하자. 안 되더라도 끈질기게 버티자. 내가 하루하루 나에게 주어진 일들을 해결한다면 꼭 결과로 돌아올 거다. 난 그걸 느끼고 있다.

내가 끈질기게 버티고 있으니 가셨던 분들이 다시 나를 찾아준다. 정말 감사한 일이다. 내가 한 곳에 있었기에 나를 다시 찾아준 것이었다. 보이지 않지만 나의 온라인 활동들이 알게 모르게 다들 알고 있다고 한다. 그런 말을 들은 적이 있다.

"관장님은 항상 한결같으세요. 열심히 사시는 게 보입니다."

쌓이면 돌아온다. 수업이 없다고 한탄만 한다고 해서 바뀌는 건 없었다. 그 시간에 책을 읽는다. 블로그를 한다. 전단지를 돌린다. SNS 활동을 한다. 미래를 생각한다. 체력을 보충하기 위해 휴식을 한다. 모든 시간은 그냥 흘러가는 건 없다고 생각한다. 경기가 어려우면 어려울수록 어떻게 하면 돌파할까. 난 할 수 있다. 움직여보자. 생각해 보자. 도전해 보자. 실천하자. 유지하자. 이런 생각들이 현재 내가 8년 차 관장의 자리에 있는 것 같다.

항상 세상은 새로워진다. 발전한다. 무한 경쟁사회다. 내일도 바로 옆에 나의 경쟁업체가 생긴다. 내일이라도 폐업을 할 수 있다. 연예인을 본다. 꾸준히 활동하는 연예인이 있다. 엄청나게 반짝였다가 사라진 연예인들 또한 분명 존재한다.

이렇듯 세상에는 영원한 건 없다. 하루하루 꾸준하게 나의 자리를 지키는 게 쉬운 일은 아니다. 끈질기게 버틴 하루하루가 쌓여서 기회가 온다고 생각한다. 경기는 항상 안 좋다. 핑계 댈 곳은 정말 많은 곳에 존재한다. 그렇게 핑계를 대면서 하루하루 나에게 부정적인 마음을 심고 살고 싶진 않다. 긍정적인 생각으로 살아가는 시간도 부족하다고 생각한다.

경기가 좋아지면 사업한다고 말하는 친구들이 주위에 있다. 그런 친구들에게 이야기해 주고 싶다. 미안하다. 경기가 좋아지는 날은 없다. 어느 정도 준비가 되면 도전하고 도전하면서 깨져가며 하나하나 내 살에 붙이는 게 살아남는 길이라고 생각한다. 절대 경기가 좋은 날은 돌아오지 않을 것이다. 그냥 하자. 도전하자. 실행하자. 싸워 이겨 나가자.

10인 이하의 센터를 경영하는 방법

나는 현재 10인 이하의 센터를 운영하고 있다. 처음 사업을 시작하면서 많은 시행착오를 겪었다. 수업과 경영은 결이 완전히 다르다. 새로운 직업을 갖는다고 생각해야 한다. 그땐 몰랐다. 부딪치고 깨지면서 방법을 터득했다. 나는 나와 결이 맞는 사람을 찾기 시작했다.

처음 직원을 고용할 때는 많은 시행착오가 있었다. 직원을 뽑는다는 건 어디서 배울 수 있는 부분이 아니었다. 그땐 너무 안일하게 생각했다. 나만 잘하면 될 거라고 하는 생각으로 사업을 시작했다. 리더십이 없는 상태였으니 당연히 문제가 많이 생길 수밖에 없는 상태였다. 이것저것 지시를 한다. 체계가 잡히지 않았기에 그때그때 상황에 따라 많은 변화가 있었다. 직원들 또한 혼돈의 시간을 보낸다. 그러면서 트러블이 발생했고 나는 나의 뜻대로 따라오지 않는 그들과 문제가 발생하였다.

시간이 지나다 보니 생각을 바꿔야겠다고 생각한다. 지금은 아무리 실력이 좋아도 나와 결이 맞지 않으면 뽑지 않는다. 나는 '태도'를 중요하게 본다. 아무리 실력이 좋고 태도가 불량하면 절대 뽑지 않는다. 아무리 직원이 급하더라도 차라리 내가 몸이 힘들고 만다는 생각을 한다. 그래서 나만의 직원 뽑는 기준을 만들어본다.

직원을 고용한 후 해고하기란 쉽지 않다. 근로자의 보호를 위해 법이 정해져 있다. 내가 마음에 안 든다고 내 마음대로 바로 해고할 수도 없다. 그래서 나는 바로 정직원을 뽑지 않는다. 첫인상도 정말 중요하지만 태도를 많이 보게 되었다. 그래서 나는 1주일이라는 시간을 그 사람과 함께 식사도 하고 차도 마시고 사적인 이야기도 나눈다. 같이 운동도 한다. 그 기간 그 사람의 스타일을 지켜본다.

일을 시키는 게 아닌 그 사람을 보는 것이다. 평상시에 말하는 말투, 복장, 행동을 체크한다. 그렇게 진행하면서 좋은 예를 하나 들어보려고 한다. 같이 3시에 운동을 하려고 약속을 잡았다. 어떤 사람은 미리 30분 전에 와서 스트레칭하고 미리 운동할 준비를 하는 사람이 있다. 또 어떤 사람은 정각에 딱 맞춰서 온다. 또 어떤 사람은 5~10분 늦게 온다. 이 3가지의 유형만 보아도 그 사람의 태도를 바로 알 수가 있다. 우리 업종은 자기 관리와 개인 시간 관리, 기본 중의 기본인 약속을 지키느냐 못 지키느냐에 따라 그 사람의 태도를 볼 수가 있다.

예전에는 이런 부분들을 보면 조금 늦을 수 있다고 생각하였고 좀 봐주자. 참아주자고 많이 생각했다. 시간이 지나서 보니 이런 하나하나의 태도가 나중에 문제를 일으키게 된다는 것을 알게 되었다. 실력도 중요하지만 태도 또한 정말 중요하다. 조금 모르면 가르치면 된다. 배우려고 하는 의지만 있다면 어떻게 해서든 내가 알고 있는 부분들을 알려줄 수가 있다. 하지만 이 태도는 절대 바뀌지 않는다.

그렇게 1주일이란 시간을 그 사람과의 시간을 거친 뒤 파트 또는 프리랜서 선생님으로 고용한다. 급하지만 않으면, 나는 바로 정직원으로 고용하지는 않는다. 그 친구의 모든 걸 1주일 만에 다 파악하기란 쉬운 일은 아니다. 그렇기에 같이 근무하는 스타일이라든지 사람에게 대하는 태도, 직원들과의 융화를 전체적으로 판단한다. 그렇게 진행하면서 솔선수범하고 태도가 좋은 친구들 실력이 뒷받침되는 친구들을 정직원으로 고용하고 있다.

이렇게 나만의 인사 기준을 만드니 정직원으로 근무해도 나와의 마찰이 생기지 않는다. 내가 추구하는 사람을 고용했기 때문이다. 이 방법을 나는 4년 만에 깨우쳤다. 그 이후론 사람에 대한 스트레스를 현저히 줄일 수 있었다. 이렇게 인사를 뽑아야만 나는 서로의 시간을 아낄 수 있다고 생각한다. 즐겁고 행복하게 일해야만 근무하면서 보람을 느낄 수 있다. 나는 그런 스트레스를 받고 싶지도 않고 주고 싶지도 않다.

그렇게 나와 결이 맞는 정직원을 고용했다. 그렇다고 해서 모든 게 완벽하진 않다. 그 친구에게도 당연히 장단점 또한 존재한다. 나는 그 정직원이 된 이의 단점을 최대한 보지 않으려고 노력한다. 장점을 극대화해서 부각하려고 하는 노력하고 있다. 단점 같은 경우는 정말 큰 실수가 아니면 눈감고 지나간다.

예를 들어보겠다. 보통 내가 상담하는 것과 직원이 상담하는 건 분명 차이가 있다. 경험과 나이에서 오는 성숙도의 차이는 분명 존재한다. 정말 매출만을 생각하면 상담 모든 건 내가 하는 게 맞다. 하지만 나는 그렇게 하고 있지 않다. 매출을 조금 포기하더라도 그 직원이 성장할 수 있으려면 해보면서 느껴야 한다. 내가 아무리 알려줘도 사람마다 받아들이는 기준과 스타일은 다르다.

내향적인 친구를 바로 외향적인 친구를 만든다는 건 불가능하다. 내향적인 친구들의 장점 또한 존재한다. 외향적인 친구들의 장점 또한 존재한다. 그렇게 실패하더라도 좋은 경험이라고 생각을 하고 그 친구를 믿고 맡겨본다. 그렇게 나는 욕심을 조금씩 버리기 시작한다.

매장에 적자만 나지 않고 나의 생계에 지장만 없다면 그 상담을 통해 매출을 못 만들었다고 해도 그 또한 나는 그 직원에게 투자했다고 생각한다. 이렇게 생각하니 쓴소리 할 시간이 현저하게 줄어든다. 서로 얼굴을 붉힐 일 또한 없어졌다.

그렇게 나는 직원을 볼 때 태도를 중요시하고 있다. 태도가 좋아야 항상 배우려고 하는 자세를 가지게 된다. 회원님들을 진정으로 건강하게 만들어 주려고 하는 마음을 갖고 있다면 매출은 당연히 나올 수밖에 없다고 생각한다.

그렇게 나는 10인 이하의 센터를 경영하는 법을 터득하였다.

헬스장 브랜딩하는 방법

헬스장을 알리기 위해서는 홍보를 해야 한다. 블로그에 대해 교육받았다. 블로그에 발행한 글이 상위노출이 되도록 노력했다. 그러다가 차츰 재미를 알게 된다. 나의 글이 상위로 올라갈 때는 뿌듯하다. 글을 잘 쓰고 싶다는 열정이 생긴다. 글을 잘 쓰기 위해 관련 서적을 읽는다. 그러다 현재 책 쓰기를 준비하게 되었다.

사업을 하면서 가장 고민되는 부분이 마케팅이다. 어떻게 하면 홍보를 잘할 수 있을까? 개인 브랜딩을 해야 한다고 한다. 블로그를 해야 한다고 한다. 그냥 쓰는 게 아닌 잘 써야 한다고 한다. 키워드를 활용하라고 한다. 그렇게 나는 글을 자주 쓰기 시작한다. 자본주의 사회에서 살아남기 위해서 나는 글쓰기를 시작하였다.

처음에는 홍보 차원에서 블로그에 글을 작성하였다. 글을 쓰는 것은 새로운 경험이었다. 자주 방문하는 독자가 몇 명 되지 않았다. 하지만 그곳은 나의 열정과 지식으로 가득한 곳이었다. 나는 주제를 정하고, 운동 팁과 영양 정보를 정확하게 전달하기 위해 노력했다.

어느 날, 블로그의 글을 보고 회원님께서 상담을 왔다. 글에서 자신이 원하는 니즈에 대한 결과가 나와 있다고 한다. 나의 미래를 볼 수 있어서 좋았다고 한다. 그렇게 회원님은 등록했다.

그리고 그때부터 블로그에 글을 더 열심히 작성하기 시작했다. 좀 더 도움이 될 수 있는 내용을 준비했다. 꾸준히 글을 쓴다. 예비 회원님들과 만나기 위해 노력했다. 회원님들의 운동 목표를 달성하는 데 도움을 주었다. 온라인을 통해 새로운 회원님을 만나게 되었다. 나의 경험을 공유하는 소중한 공간을 창조했다. 내가 PT 받으라고 권하지 않고도 고객이 먼저 찾아와 "저, PT 받고 싶어요."라고 요청하는 것으로 바뀌게 된 것이다.

그리던 어느 날 문득 생각했다. 나의 경험이 누군가에 도움이 될 수 있을까? 내가 인생을 살아오면서 경험한 것들을 공유하고 싶어졌다. 나의 실수들이 누군가에게 도움이 되었으면 했다. 누구에게 물어보기가 쉽지 않았다. 어느 누군가 알려주지 않았다. 몸으로 부딪히면서 깨달았다. 그런 시간을 줄여주고 싶다. 내가 겪은 경험을 담고 싶어졌다.

글을 쓰면서 생각해 본다. 과연 이게 내가 잘하고 있는 일일까? 시간만 허비하는 게 아닐까? 난 책을 써본 경험이 없다. 그렇다고 스펙이 화려하지도 않다. 하지만 나 또한 생계를 위해 열심히 살아가고 있다. 나의 인생 경험이 나와 100% 똑같은 사람은 없다. 그러기에 자신감 있게 이렇게 글을 작성하고 있다. 그런 마음을 생각해 본다. 나의 경험이 단 1명에게라도 도움이 된다면 정말 그걸로 족하다. 그게 내가 글을 쓰고 있는 이유이다.

나의 경험들이 나보다 어린 친구에게 혹은 사업을 이제 막 준비하는 사람들에게 작은 도움이 되었으면 한다.

이렇게 나는 운동 트레이너에서 경영자로서 작가로서 열정과 노력을 하고 있다. 운동과 글쓰기를 통해 많은 사람에게 영감을 주고 싶다. 나는 엄청난 자산가는 아니다. 하지만 아무것도 없었던 내가 사업을 하고 있다. 당신은 나보다 더 이른 시일 내에 할 수 있다. 더 큰 규모로 할 수 있다. 더 많은 돈을 벌 수 있다. 나도 하고 있는데 당신이라고 못할 게 없다고 생각한다.

그렇기에 나의 경험이 조금이나마 당신에게 도움이 되었으면 한다. 그렇게 나는 어느 날 작가가 되어 글을 쓰고 있다. 작가는 많은 공부와 많은 책을 읽는 사람이 쓰는 거로만 알고 있었다. 강의를 들으면서 책은 누구나 쓸 수 있다고 한다. 그렇게 관심을 가져본다.

나도 살아온 경험들이 있다. 누구나 인생을 살면서 경험한다. 글을 잘 쓰는 게 아니다. 글은 내 경험만 있다면 누구나 쓸 수 있다. 당신도 인생을 살고 있지 않은가. 그러면 당신도 글을 쓸 수 있다. 당신의 경험을 어떤 누군가에게 공유해주는 일은 사회에 좋은 일을 한다고 생각한다. 그렇기에 당시 또한 글을 쓸 수 있다. 도전하라. 나도 도전하고 글을 쓰고 있다. 이렇게 난 살아온 세월이 있기에 글쓰기를 해본다.

학벌을 넘어 꿈을 이루다

나는 꿈을 이루었다. 나는 현재 8년 차 헬스장 관장이다. 나의 어린 시절은 녹록치 않았다. 난 중학교 때부터 많은 방황과 아픔들을 겪었다. 고3 때에는 자퇴를 했다. 그때는 나의 삶이 변해야겠다는 생각을 한 적은 없었다. 고3 때까지는 나에게 큰 계기가 없었다.

현재 나는 관장이라는 꿈을 이루었다. 단지 관장이라는 꿈을 꿨다기 보다는 헬스장 대표들은 다 돈을 많이 버는 것 같았다. 다들 외제 차를 타고 다녔고 좋은 집에 살고 시간적 여유도 많아 보였다. 내가 입사한 헬스장의 대표님들은 그랬다. 그래서 나도 트레이너를 하면서 그런 삶을 꿈꿔본다. 외제 차도 타고 싶다. 그냥 돈을 많이 벌고 싶다. 단지 그게 전부였다.

내가 헬스장 대표가 되기까지 그 중간에도 정말 많은 일들이 있었다. 지금은 이렇게 책도 읽고 글을 쓰고 있지만 난 35살이 되던 해 10월까지는 단 한 권의 책도 읽지 않았다. 요새 책을 읽으면서 가장 많이 느끼고 있는 게 하나 있다. 내가 책을 어렸을 적부터 읽었더라면 내 삶의 위치가 좀 더 빨리 도달했을 것이다. 책을 읽으면서 내가 현재 대표의 자리에 오르기까지 책에 다 나와 있다. 내가 잘했던 것들 내가 못했던 것들 책을 읽으면서 그런 게 하나하나 공감이 되고 다시 내 마음을 흔드는 계기가 많았다.

첫 번째 20대는 어쩔 수 없이 경험을 많이 하는 시기이다. 사회 초년생 나이인 20대. 20대가 목돈이 있어봤자 얼마나 있을까? 나의 20대는 돈을 거의 쓰지 않았다. 벌면 어떻게든 저축을 하였다. 20대에 나는 정말 짠돌이였다. 20대 내가 돈을 모았던 방법을 소개해 보겠다.

나는 어머님의 집에 같이 살았다. 독립을 할 수도 있었지만 나는 월세 내는 게 너무 아까웠다. 신축 기준 월세는 500만 원에 월세 40만 원, 공과금은 별도였다. 1년으로 계산하면 480만 원 공과금까지 하면 500만 원이 훨씬 넘는다. 그게 2년이 쌓이면 1천만 원 4년이면 2천만 원이다. 그렇게 나는 돈을 지출할 때 철저하게 계산을 하면서 효율성을 따졌다.

불편할 수 있지만 그렇게 계산을 해보니 나가서 살지 않은 게 훨씬 빨리 목돈을 모을 수 있는 방법이라고 생각했다. 그다음 회사에서 어떻게든 밥을 먹고 나왔다. 골프캐디란 직업은 시간이 딱딱 정해져 있지 않다. 프리랜서의 직업이다. 내가 1부에 티업을 하면 오전에 출근할 수 있고 2부에 출근을 하면 오후에 출근을 하였다. 그래서 식사를 2번은 회사에서 먹을 수 있었다. 그리고 티업을 하면 중간에 매점에서 음식을 섭취할 수 있는 공간이 있다. 회원님들만 먹을 수 없으니 같이 라운딩 하는 캐디에게도 뭐 먹으라고 말씀을 해주신다.

그렇게 나는 회사에서 모든 끼니를 때우려고 노력한다. 식사는 2끼를 먹으려고 했다. 2끼를 못 먹으면 중간에 매점에서 간식으로 배를 채웠다. 그렇게 숙식비를 어떻게든 아꼈다. 또 한 가지 버릇이 있었다. 그때는 나에게 맛있는 건 사치였다. 보통 배고프면 편의점을 갔다. 20대 당시에는 맛 따위는 나에게 중요하지 않았다. 배만 채우면 되었다. 예를 들면 커피를 고른다. 양 많고 제일 싼 걸 고른다. 햄버거를 고른다. 제일 크고 싼 거를 고른다. 음료수를 고른다. 1+1을 고른다. 거기에서도 가격을 비교한다. 나에게 열량과 맛은 중요하지 않았다. 무조건 싼 것을 골랐다. 싸고 양이 많은 것이 내 선택의 기준이었다. 그렇게 생활을 한다. 어머님이 재워주시고 밥은 회사에서 출출하면 편의점 가서 제일 싼 음식을 먹었다. 돈을 안 모을래야 안 모을 수 없었다. 그리고 축복일지는 모르지만 난 술을 안 먹는 게 아니라 술을 못 마신다. 내가 아마 술을 먹었더라면 현재 나의 삶은 많이 바뀌어 있었을 것이다. 술을 못 먹었기에 일정한 패턴의 삶을 살 수 있었다. 새벽에 나갈 일이 없다. 담배도 군대에서 끊었다. 돈을 쓸 곳이 없다. 이게 나의 돈을 모은 방법이었다.

그렇게 돈을 저축한다. 한 달 버는 수입에서 90%는 저축을 할 수 있었다. 중간에 사고 싶은 것도 있었지만 나는 참았다. 목돈을 모아야 그다음 스텝을 갈 수 있다고 생각했다. 그때는 관장이 되려는 생각도 없었다. 진짜 그냥 내가 어떻게 될지는 모르지만 일단 그냥 막 무가내로 모았다. 누가 모으라고 해서 모은 것도 아니었다. 아버지의 죽음을 보고 느꼈다. 돈을 벌어야 한다. 돈을 모아야 한다. 무시당하지 말아야 한다. 잘사는 모습을 보여주어야 한다. 그렇게 내 머릿속에 돈에 대한 소중함이 꽉 채워두고 있다.

그때는 몰랐다. 시간이 지나 이렇게 글을 쓰면서 깨달았다. 그런 경험들이 나를 이렇게 사업체를 운영할 수 있는 발판이 되었다는 것을 글을 쓰면서 느껴본다. 내가 하고 싶은 일 진행하고 포기하지 않았다. 그렇게 목돈을 만들어본다. 그 목독이 있었기에 나에게 기회가 찾아온다. 아는 형의 권유로 동업을 시작한다. 그렇게 난 첫 자영업을 시작했다.

평범한 나날들은 보내지 않았다. 아버지의 죽음을 통해 나의 가치관을 바꾸었고 그렇게 나는 쉬지 않았다. 아차같이 돈을 모았다.

누가 하라고 해서 한 것도 아니었다. 내 마음속에 돈을 어떻게든 벌어야겠다는 마음에 깊이 박혀 있었다. 난 어떤 일을 하던 끈을 놓진 않는다. 그렇게 나는 단기적인 꿈을 이뤘다.

인생에 학벌이 전부는 아니라고 생각한다. 학교를 나오지 않아도 환경이 좋지 않더라도 성인 되어 가난은 부모의 잘못이 아니다. 성인이 되면 누구의 원망도 하지 않아야 한다. 어떤 계기로 인해서 사람은 바뀔지 모른다. 그 인생의 방향은 오로지 본인이 책임 져야한다. 누구의 핑계 따위는 없다. 동업을 하던 독립을 하던 그 모든 것들이 나의 선택이었다. 나는 그 선택을 받아들인다. 노력해 본다. 어떤 일을 끈기 있게 해본다. 그렇게 난 학교가 아닌 돈을 쫓아가는 인생을 살아가고 있다.

장사가 어려워질 때 해결하는 방법

장사를 하면서 너무 답답할 때가 있었다. 정답을 찾고 싶다. 누구도 답을 알려주지 않는다. 답을 찾기 위해 독서를 했다. 독서에 내가 해왔던 것들이 담겨 있다. 신기하다. 내가 잘했던 게 글에 담겨 있다. 내가 못 했던 게 글에 담겨 있다. 모든 게 나와 있는 것 같다. 독서하면 모든 게 다 바뀔 줄 알았다. 하지만 현실은 아직 아니다.

처음 독서하면서 생각한다. 책에 나온 것처럼 하면 무조건 성공할 수 있겠거니 기대를 걸었다. 실행을 해봤다. 그러나 생각처럼 극적으로 바뀌지 않는다. 적게 일하라고 한다. 해보려고 시도한다. 하지만 쉽지 않다. 마음이 불편하다. 책을 읽으면서 공통점을 하나 발견했다. 성공한 사람 중에 책을 안 읽는 사람은 없다고 했다.

아직은 독서 기간이 길지 않아서일까? 쉽게 바뀌는 것은 없다. 책을 읽으면서 느낀 게 있다. 세상에 책을 읽는 사람이 많이 없다고 하는데 내 눈에는 왜 이렇게 책을 많이 읽는 사람들이 많을까. 책을 읽으면 모두 성공하고 부자가 되는 걸까? 그것도 아닌 것 같다.

독서하면서 변화하는 것은 있다. 조금씩 태도가 바뀐다. 조금씩 성장을 한다. 조금씩 도전하는 횟수들이 많아진다. 그런 것들이 쌓여가고 있는 것 같다. 아직은 극적으로 바뀌진 않았다. 하지만 이런 게 조금씩 연차가 쌓이면 분명 계속 성장하는 삶을 살아갈 수 있다는 생각은 확실하다.

책에 나온 걸 실행을 해본다. 실행할 생각에 가슴이 뜨거워진다. 대박 터질 수 있겠지. 이 과정만으로도 긍정적인 마인드를 심어준다. 실행하고 바뀌지 않았더라도. 그 과정이 그 뜨거워진 가슴을 느낀 그 순간이 좋다. 그래서 내 삶이 바뀌진 않는다고 해서 책을 놓진 않을 것 같다.

처음 독서하면서 실망도 했다. 읽으면 바로 성공할 줄 알았다. 책에 나온 대로 홍보를 하면 대박이 터질 것 같았다. 장사가 잘되는 집을 따라 하면 바로 매출이 터질 줄 알았다. 하지만 아니었다. 뭐야? 독서하면 성공한다고? 의심도 해봤다.

모든 것은 단기간에 될 거란 생각을 버려야 했다. 그렇게 나는 천천히 독서를 진행하고 있다. 10년 꾸준히 읽으면 답이 나올 수 있겠지 읽으면서 마음은 위안 받는다. 성공할 수 있는 뜨거운 감정을 느낀다. 그 감정만으로도 하루를 즐겁게 살 수 있다. 행복하게 살 수 있다. 그게 책의 매력인 것 같다.

작가들 또한 단기간에 책을 읽고 글을 쓰진 않을 거라고 생각한다. 바로 호화로운 삶을 살았을 거란 생각도 하지 않는다. 모든 것의 시간이 걸린다고 생각한다. 그런 과정들이 언제 올지 모르겠다. 하지만 끈을 놓지 않는다면 언젠가 나에게도 그런 날이 올 거라고 확신한다. 그 끈을 유지하는 힘이 나에게 장점이다. 꾸준하게 그 끈을 놓지 않으려고 한다. 성공하기 가장 좋은 시기는 50대라고 한다. 아직 나는 15년이란 세월이 남아있다. 그 기간 독서를 하면 뭔가 변할 거라는 건 확실하다. 생각하는 태도든 경제적인 상황이든 뭐든 바뀌어 있을 것 같다.

지금 당장은 크게 바뀐 것은 없다. 마음만 따뜻해지고 있다. 아직은 내 생활에 많은 것들을 변화가 있지 않지만 통해서 희망이 있는 하루하루를 살아간다는 것만으로도 행복하고 설렌다. 독서하면 바로 인생이 바뀔 줄만 알았던 나를 반성해 본다.

최근 독서 모임을 한다. 거기서 충격적인 사실을 하나 듣는다. 독서를 하는 사람들은 다 좋은 사람들로만 생각했다. 성공할 수 있는 삶을 살아간다고 생각했다. 누군가 말을 해준다. 독서를 하는 사람 중에서 신싸 나쁜 사람노 있다고 한다. 중격적이었다. 독서 모임을 하지 않았더라면 알지 못했을 것이다. 나의 인식에는 독서하는 사람들은 모두 좋은 사람. 모두 훌륭한 사람이라고만 생각했다.

하지만 아니다. 책에 있는 내용들을 읽고 습득하고 적용하면서 나쁜 쪽으로 생각하는 사람들 또한 존재한다고 한다. 그래서 나의 주관이 정말 중요하다는 것을 다시 한 번 생각했다.

책의 내용을 끄집어내 본다. 그 말을 듣고 시야를 다르게 생각해 본다. 생각해 보니 나 또한 악용하면 악용할 수 있겠다는 생각을 해 본다. 독서한다고 해서 모두 성공하지 않는 것처럼 독서한다고 해서 모두 좋은 사람이 아니다. 나쁜 사람들 또한 존재한다. 독서를 많이 하고 진짜 나쁜 일을 하는 사람도 많이 있다고 한다.

그래서 독서하면서 현실 자각 시간이 많이 왔던 때가 있었던 게 이해가 간다. 독서를 한 사람의 미래를 들여다본다. 그 과정에서 나의 가치관에 맞추어 받아들일 건 받아들이고, 버릴 건 버려야겠다는 지혜를 만들어본다. 그렇게 독서한다고 해 모든 게 바뀔 줄 알았던 나를 다시 돌아본다.

전단지 1,000장을 돌려 1통의 전화가 올지라도

1,000장의 전단지를 돌린다. 대략 2시간 정도 시간이 걸린다. 그렇게 전단을 돌리고 문의전화 1통이 오면 성공이라는 마음으로 한다. 힘들다. 효율성이 떨어진다. 하지만 나는 그 1통의 전화마저 간절하다. 살아남기 위해 오늘도 움직여본다.

나는 소형 헬스장을 운영한다. 열정으로 전단 홍보를 시작한다. 전단 1,000장을 돌리는 것 비효율적일 수 있다. 하지만 마음에는 큰 기대와 끈끈한 노력이 함께 고스란히 담겨 있다.

나는 먼저 유용한 정보와 매력적인 디자인으로 가득 찬 전단을 만든다. 운동에 대한 간결하고 매력적인 내용을 포함한다. 어떤 변화를 이뤄낼 수 있는지를 분명하게 전달한다. 또한, 전단에는 이미 헬스장을 경험한 회원들의 성공 이야기를 담아 본다. 신뢰감을 높이는 세부 사례들도 포함했다.

매번 전단지를 전달할 때마다 한 통의 전화가 올 때까지 기다린다. 그렇게 전단지 홍보를 했을 때는 심적 안정감이 있다. 오늘도 뭔가를 했다. 움직였다. 전단 홍보를 안 했을 때는 마음이 불안하다. 당장이라도 오늘 망할 것 같다. 그래서 나는 움직여본다.

시간이 흐른다. 나는 전단이 조금씩 사람들의 관심을 끌기 위해 시작한 것을 느꼈다. 처음에는 사람들이 조용하게 관심을 보이는 정도였지만, 그런 반응조차 나에게는 소중한 성과였다. 1,000장 기준에 1통의 전화가 오면 성공이라고 생각한다. 그런 마음가짐으로 나는 움직이고 있다.

어느 날, 전화가 온다. "전단을 보고 연락드렸어요. PT 받고 받으려고 합니다."라며 예비 회원님의 목소리가 들려온다. 작은 변화가 큰 결과로 이어지는 순간이 왔다는 생각에 나의 마음은 기쁨으로 가득 찬다. 가만히 시간을 흘려보내면 뭔가 불안하다. 나는 내가 일을 만들지 않으면 어떻게든 쉴 수도 있고 어떻게든 일할 수도 있다. 내가 노력하느냐에 따라 그달의 성과 또한 다르다. 그래서 나는 안 움직일 수가 없다. 지켜야 할 가족이 있다. 지켜야 할 동료들이 있다. 없는 일도 만들어야 하는 게 대표의 사명감이라고 생각한다.

적은 노력이 큰 성장으로 이어질 수 있다. 그 1,000장의 전단으로 인해 1통의 전화가 온다. 1통의 전화가 등록으로 이어진다. 등록 후 지인을 소개해 준다. SNS 홍보를 한다. 이렇게 작은 한 땀 한 땀이 쌓인다. 나는 그걸 느끼고 있다. 그래서 어떻게든 일을 만든다. 그게 자영업자의 숙명이라고 생각한다.

2023년 온라인 홍보 시대 많은 사람이 전단 홍보를 안 한다고 한다. 트렌드가 바뀌었다. 하지만 난 아직도 하고 있다. 미련할 수 있다. 하지만 전화가 안 오진 않는다. 등록을 아예 안 하진 않는다. 나는 사업 초기에 1,000장의 전단과 1통의 전화로 시작했다. 작은 성과들이 모여 큰 변화를 만들어냈다. 그게 내가 현재 살아 남아있는 이유다.

시대가 변했지만 나는 초심을 지킨다. 전단 돌리는 게 쪽팔린다. 하지만 먹고 살아가야 하기에 자존심을 내려놓는다. 누구에겐 별거 아닐 수 있다. 이런 사소한 것 하나하나가 큰 결실을 모아준다고 나는 생각한다. 지금껏 그렇게 실행해 왔다.

작은 변화가 큰 결과를 끌어낼 수 있다는 희망과 용기를 준다. 전단은 나에게 그런 존재이다. 하찮은 일은 없다. 내가 어떤 마음가짐으로 일에 임하느냐가 중요하다고 생각한다. 그 사소한 하나하나가 나를 대표의 자리까지 올려주었다. 사소한 일 하나 못하는데 어떻게 더 큰 일을 할 수 있을까? 사람들은 작은 일을 하찮게 여기거나 무시하는 경향이 있다. 나는 모든 일에 하찮은 일은 없다고 생각한다. 청소 하나를 봐도 그렇다.

그런 모든 것들이 쌓여 내가 이렇게 살아갈 수 있다고 생각한다. 나의 주위 사람들을 지킬 수 있다고 생각한다. 그렇기에 나는 오늘도 1,000장의 전단과 1통의 전화를 기다려본다.

책속에서 멘토를 찾다

나는 깨달았다. 내가 자신감이 없었던 이유는 바로 공부를 하지 않았다는 것에서 비롯된다는 것을. 세상은 빠르게 편하고 있었으며 배움은 학교를 졸업하고 더 열심히 공부해야했다. 학교 시험은 평가 받기 위해 공부를 했다고 하면 사회에 나와 평가는 자본으로 평가를 받는다. 내가 알면 알수록 자본주의 사회에서는 돈으로 평가를 해준다. 그래서 난 돈을 벌기 위해 꾸준히 공부하기로 다짐해 본다.

나는 돈을 지속적으로 모아야겠다는 생각이 머리에 박혀 있다. 교육을 받기 위해선 비용이 많이 들었다. 그래서 머리보단 몸으로 때워야지라는 생각을 했던 것 같다. 그렇게 코로나를 겪으면서 생각의 전환이 조금씩 일어나기 시작했다. 오프라인 강의보다는 저렴한 온라인 강의들이 많이 생기고 있었던 것이다. 그래서 온라인 강의를 듣기 시작했다. 우리 분야에서 내가 좋아하는 강사 분이 있다. 그분의 영향을 받아 현재 이렇게 글을 쓰고 있다고 생각했다.

나의 스승님이 말씀을 해준다. 책은 한 사람의 인생을 보는 거다. 그 한 사람, 한 사람의 경험을 듣고 공감하고 교훈을 얻고 지혜를 쌓아가는 것이다. 책에도 분야마다 다 다르지만 나쁜 책은 없다고 생각한다. 책을 읽으면서 혼돈이 온 적이 있다. 읽으면 마음이 흔들려 술술 읽히는 책이 있는 반면에 읽어도 이해가 되지 않고 머리에 남는 책들도 있었다. 분명 내가 생각하는 영향력 있는 사람들의 추천 책을 읽으면 무조건 좋을 줄만 알았다. 하지만 그건 아니었다. 이해가 안 되는 책도 분명히 존재하였다.

꾸역꾸역 읽어도 보았고 하루에 목표를 정하고 읽어도 보았지만 들어오지 않았다. 그 과정에서 내가 내린 답은 '읽지 말자'였다. 처음에는 무조건 읽어야 한다고 생각했으나 책을 100권 정도 읽으면서 깨달았다. 나한테 안 맞는 옷을 굳이 입으려고 하지 않아도 된다고. 나한테 맞지 않는 책을 끝까지 읽었을 때 과연 내 머릿속에 들어올까? 내 머릿속에 들어오지 않고 나에게 영감을 주지 않는 책을 끝까지 읽었을 때의 나의 시간은 정말 비효율적이다. 책을 100권 정도 읽으면서 책을 읽는 태도에 대해 한 번 더 배운 계기가 되었다.

그렇게 나의 가치관, 태도, 마인드에는 많은 변화가 있었다. 그전에는 몸으로 때우려고 했다. 수업하기 바빴고 홍보는 전단지 위주의 홍보를 했다. 그때는 먹혔을지 모르지만 코로나 이후론 시대가 많이 바뀌어서 현재의 자본주의 사회에 뒤처지지 않기 위해서는 온라인 쪽으로 공부를 해야 한다. 코로나 전에는 나와 비슷한 상황의 사람들에게 교훈을 얻으려고 했고, 친구나 가족들에게 얻으려고 했다. 나쁜 건 아니었지만 지금 생각해 보면 마음의 위안을 받으려고 했던 거지 생활에서 변화나 방향성에 대해선 배운 것 같지 않다.

요새는 온라인 강의가 많다. 저마다 다들 장단점이 있을 것이다. 너무 많은 사람들이 있기에 어떤 강의가 정말 좋고 신뢰성과 진정성을 가지고 하시는 분들을 가르기란 판단을 갖기란 어려운 일이다.

그래도 나는 나의 주관이 있다. 일단 멘토를 찾을 땐 신뢰성과 태도를 본다. 현재 내가 좋아하는 강사 분은 내가 3년째 보고 있는 분이다. 최근에 적극적으로 그분의 강의를 많이 찾아 듣고 있다. 그전에는 계속 지켜보고 재능 기부할 때 교육들을 많이 들었던 것 같다. 그렇게 오래 보고 신뢰가 쌓이니 지금은 많은 돈을 줘도 실수하지 않을 거라는 확신이 있다. 지금은 많은 돈을 주고도 강의를 듣고 있다.

　돈은 한정적이다. 현재 나의 수준에 맞게 공부도 해야 한다고 생각한다. 나는 그렇게 독서로 인해 많은 스승들을 만나고 있어서 너무 좋다.

　현재 우리는 SNS 삶속에서 살아가고 있다. 핸드폰만 열면 나랑 대조할 사람들만 나타난다. 그걸 어떻게 받아들이느냐는 나의 생각이 좌지우지한다. 내가 긍정적으로 받아들이면 좋은 시너지를 낼 수도 있고 부정적으로 받아들이면 나를 낭떠러지에 몰아붙인다. 화려한 삶을 사는 사람들을 보면서 그들을 부러워 할 것인가? 아니면 그들을 따라 가기 위한 하나의 목표 수단으로 삼을 것인가? 화려한 삶을 사는 사람들이 부러운가? 나는 나만의 위치에서 만족을 하며 그들을 따라가기 위해 노력을 해 본다. 그들이 있기에 나는 열심히 살 수 있는 원동력이 생긴다고 생각한다.

노력이란 싫어하는 것을 즐기는 것

나는 전단 홍보하는 걸 싫어한다. 나는 독서를 하는 걸 싫어했다. 하지만 지금은 사업을 하면서 살아남기 위해 독서를 한다. 공부를 좋아하지 않는다. 미래를 위해 공부를 하고 있다. 이렇게 나는 그전에 하지 않았던 일들을 하나하나 노력하고 지금은 즐기고 있다.

나는 현재까지도 전단 홍보를 하고 있다. 나는 트레이너 11년 차, 헬스장 운영 8년 차의 관장이다. 남들은 온라인에서 활개를 치고 다닌다. 나도 따라해 보지만 쉽지 않다. 노력은 하고 있지만 잘되지 않는다. 요새는 전단 홍보를 하지 말라고 한다. 온라인 시대인데 멍청하게 왜 전단 홍보를 하고 있냐고 한다. 멍청하다고 해도 나는 하고 있다. 왜일까? 문의전화기 이에 오긴 않는 깃은 이니다. 그 1통의 전화를 받기 위해 나는 전단지를 돌린다. 내 나름의 살아남는 방법이다. 머리가 안 되면 몸으로 하라는 말도 있다. 내가 부족한 걸 알기에 나는 서울로 향한다. 서울에 강의들이 많기에 나는 주말을 포기하며 배움의 길로 다니고 있다.

첫 독서를 시작했다. 나는 운영 6년 차 동안, 책을 단 1권도 읽지 않았다. 시대가 계속 변한다. 따라가기 힘들다. 새로운 트레이너들이 나타난다. 치고 올라오는 사람들이 너무나도 많다. 잡힐 수 없다. 변화가 필요하다. 답답하다. 답답함을 해결해야만 했다. 그렇게 독서를 시작해 본다. 일단 그냥 해본다. 머리에 안 들어온다. 책을 열기만 하면 꾸벅꾸벅 졸기만 한다. 짜증난다. 하고 싶은데 마음대로 안 된다. 에이, 모르겠다. 안 보련다. 그렇게 몇 번의 시도를 했고 포기도 해봤다.

그러다 마케팅에 대해 고민을 한다. 평생을 전단 홍보만 할 수 없는 노릇이다. 나이는 점점 들어간다. 평생 전단 홍보만 하고 살 수 없지 않은가. 온라인 마케팅을 찾아본다. 공부해 보자. 독서를 해 보자. 그렇게 나에게 필요한 책을 읽는다. 눈에 들어온다. 잘 들어온다. 신기하다. 슬슬 넘어간다. 그렇게 나의 꾸준한 독서는 시작되었다.

책을 읽으면서 안 보이던 게 보였다. 1호점, 2호점, 매장만 늘리려고 했던 내가 온라인 사업 쪽으로 눈을 돌린다. 전단 홍보만 했던 내가 블로그와 인스타그램을 배우기 위해 시작한다. 실행한다. 그냥 하는 게 아닌. 잘하기 위해 생각하면서 글을 쓴다. 영상을 제작한다. 책에 모든 게 나와 있는 느낌이다. 20권의 책을 읽었다. 20권을 읽었는데도 이렇게 많은 걸 느낄 수 있다니 놀라웠다. 서점에 가본다. 무수한 책들이 넘쳐난다. 내가 책을 1,000권을 읽으면 어떤 변화가 일어날까 생각을 해본다. 1,000권을 언제 읽을지는 모르겠다. 하지만 이것만은 확실하다.

죽을 때까지 책을 읽을 것 같다. 글을 쓸 것 같다. 독서 노트를 작성할 거다. 그렇게 책을 읽지 않던 내가 사업에서 살아남기 위해 독서를 시작했다. 이것 또한 나에겐 노력이다. 살아남으려는 방법이다. 나는 공부를 좋아하지 않는다. 중학교 2학년 이후로 망나니 같은 삶을 살아왔기에 책을 거들떠보지도 않았다. 영상도 보지 않았다. 지루하다. 평일에 일을 한다. 힘들다. 놀고 싶다. 주말에는 그렇게 내가 하고 싶은 걸 했다. 휴식을 취했다.

그런 내가 지금은 주말만 되면 강의를 찾아다닌다. 주말에 쉬기만 하던 내가 공부한다고. 강의를 찾으러 다닌다고. 정말 신기한 일이지 않은가. 이것 또한 사업에서 살아남기 위한 한 방법이다. 지켜야 할 가족들이 많아지기에 나는 강해져야만 한다. 내가 압도적으로 알고 있지 않으면 그들을 책임질 수가 없다. 나는 그들이 잘되었으면 한다. 그들이 같이 행복하게 살았으면 좋겠다. 돈도 더 많이 벌었으면 좋겠다. 그렇게 나는 강의를 들으면서 공부하고 있다. 노력하는 이다.

홍보, 독서, 강의, 공부 이 모든 것이 나는 하기 싫었다. 하지만 지금은 노력했고 그것을 즐기고 있는 날들을 보내고 있다. 아직은 큰 성과는 없다. 하지만 내가 이렇게 책 쓰기 기준에 5년의 나를 생각해 본다. 과연 내가 5년 뒤에 어떻게 되어 있을지 난 너무 기대된다. 확실한 게 있다. 지금보다 무조건 고도화는 되어 있을 것이다. 앞으로의 행보가 기대된다.

제3장
헬스장은 어떻게 유지할까?

8년 동안 나를 지켜준 회원님

2024년 기준, 나는 8년 차 헬스장을 운영하고 있다. 내가 여태까지 버틸 수 있었던 건 8년 동안 나를 지켜준 회원님이 있었기에 가능한 일이었다. 보통 헬스장은 오픈 06:00, 마감 24:00이 대부분이다. 인적 네트워크의 사업이라서 직원들과의 관계도 엄청 중요한 업종이다. 직원과의 마찰이 있어서 우리 센터에 선생님이 없다면 나는 06:00~24:00까지 운영해야 한다.

나는 그렇게 극단적으로 일을 한 적도 있다. 사람한테 받는 스트레스를 받느니 차라리 내가 몸이 힘들고 말자는 주관이다. 그것도 맞는 말일 수는 있다. 선택은 본인이 하는 것이기에 그 사람이 심적으로 아주 힘들다고 하면 그것 또한 맞는 말이지 않을까. 그래서 정답은 없다고 생각한다.

그렇게 운영하면서 나는 이런저런 일들을 많이 겪었다. 나 또한 사람에게서 오는 스트레스가 많았다. 운영하고 싶지 않은 적도 있었고 포기하고 싶은 적도 있었다. 내가 꿈꿔왔던 대표가 되면 무조건 행복할 줄 알았다. 그러나 행복도 잠시였다. 직장 생활을 했을 때의 스트레스보다는 2배 아니, 한 10배는 더 스트레스 받는 것 같다. 직장생활을 할 때는 나만 잘하면 되었다. 지금은 상황이 완전히 바뀌었다. 수업은 수업대로 그전에 했던 일에 더한 스트레스가 쌓여간다. 그 달의 매출, 마케팅, 전체적인 회원 관리, 세금, 문서관리 등 해야 할 일이 많았다. 수업을 안 한다고 해서 쉬는 게 아니었다. 할 일들은 넘치고 쌓였다. 그중에서 가장 힘들었던 것은 사람 관리였다. 지금은 생각이 많이 바뀌었지만 그때 당시 근무했던 사람들을 원망을 많이 했던 것 같다. 내가 잘해준다고 했는데 어떻게 나를 배신하고 다른 곳으로 갈 수가 있을까?

그렇게 시간이 흐르면서 많은 직원들의 퇴사를 경험했다. 나 또한 수업만 하기 바빴고 직원들의 성장을 위해서 크게 해준 게 없던 것 같다. 이처럼 나는 누굴 버릴 수 있는 위치가 아닌 항상 버림받는 존재였다. 난 내 마음대로 어딜 도망갈 수 없었고 직원들은 말만 하면 언제든지 다른 곳으로 갈 수 있었다.

그 기간, 나를 지켜준 8년 차 회원님이 있다. 나의 와이프와 100

일 때부터 현재 아이의 출산까지, 나의 연애 시절, 나의 창업 초창기의 모습까지 모든 걸 알고 있는 회원님이다. 회원님과 많은 이야기를 나누었다. 회원님이 나에게 했던 말씀 중에 인상 깊은 말씀이 있다.

"관장님, 나는 관장님이랑 인생 이야기하는 게 좋아요."

이 말이 나를 여태까지 버티게 해주었다. 8년 동안 같이 운동한다는 것은 절대 쉽지 않은 일이다. 지루해서라도 다른 운동을 할 수도 있다. 근무 문제 때문에라도 운동을 그만둘 수 있었다. 수업한다고 해서 내가 매번 특별한 것을 알려드리는 것 또한 아니다. 내가 먼저 떠나지 않으면 회원님은 그만두지 않는다고 한다. 내가 떠나는 방법은 폐업 말고는 없다. 다른 것은 모르겠다. 내 나름의 책임감이라고나 할까. 회원님이 그런 말을 나에게 해주니, 내가 힘들거나 그만두고 싶을 때 그 말씀이 내 가슴을 내려친다. 그 말씀을 생각하면서 다시 마음을 다잡곤 한다. 운동을 알려준다기보다는 나로 인해 회원님이 삶을 살아가는 데에 있어 도움이 된다는 말이 나를 그만둘 수 없게 하는 것 같다.

그렇게 수업을 오래 진행하면서 문득 그런 생각이 들었다. 8년이라는 세월 동안 알려드릴 수 있는 부분에 한계가 있다. 하지만 그래도 이런 마음을 가지고 나는 수업에 임해본다. 회원님이 아프지 않고 항상 건강하셨으면 한다. 다이어트를 꾸준히 할 수 없지만 그래도 끈을 놓지 않는 것만으로도 유지는 할 수 있다. 아마 운동의 끈을 놓았다면 지금보다 더 심하게 살이 붙었을 것이다. 나는 그걸 예방해 주기 위해 회원님과 꾸준하게 운동해야겠다는 사명감이 생겼다.

다른 선생님과 혹시 운동해 볼 생각이 없냐고 말씀도 드려봤다. 회원님은 내가 아니면 운동을 하고 싶지 않다고 한다. 8년 차 회원님이 있기에 나는 현재 업장에서 떠날 수가 없다. 이렇게 말씀해 주시는 회원님이 있을까? 이렇게 8년이란 기간 동안 내 옆을 지켜주신 회원님이 있을까? 내가 언제 이 업장을 접을지는 모르겠다. 하지만 나에게 확실한 것은 하나가 있다. 회원님이 날 먼저 떠나지 않는 이상 나는 현 업장을 떠날 수 없다. 이것이 나에게는 책임감이다. 나를 현재까지 버틸 수 있게 해준 큰 힘을 주신 회원님을 저버릴 수가 없다. 나는 오늘도 업장을 유지한다.

회원의 노쇼에 대처하는 방법

직장 생활을 하면서 운동을 하기란 쉽지 않은 일이다. 하지만 건강한 삶을 위해서 운동은 꼭 필요하다. 수업 일정을 잡는다. 회원님과 시간을 맞춘다. 갑자기 야근이 발생하는 경우를 종종 본다. 그럴 때는 취소처리를 해준다. 경력이 쌓이다보니, 정말로 야근이나 특별한 일이 있어서 못 오시는 회원님들도 많이 있지만 그걸 악용하는 회원님들도 있다는 것을 알게 되었다.

갑자기 잡히는 술 약속이 있거나 운동을 가기 싫은 날, 그날 귀찮아서 등등 이렇게 안 나오는 분들이 있다. 예를 들어보겠다. 주 3회 스케줄을 잡는다. 주 1회 나오고, 2회를 취소한다. 미리 이야기해주면 좋으련만 하필 수업 30분 전에 알려준다. 나는 준비를 하고 있다. 그렇게 통보를 받으면 기운이 쭉 빠진다. 마음 같아서는 수업을 하고 싶지 않다. 회원님들의 시간 또한 소중하지만 나 또한 내 시간이 소중하다.

트레이너는 물건을 파는 게 아닌 나의 시간을 파는 직업이다. 눈에 보이진 않지만 그 1시간이 나에게는 생계이다. 수업을 진행하지는 않았지만 그로 인하여 다른 회원님들의 스케줄을 잡아줄 수가 없다. 나에겐 손해다. 처음에는 그럴 수 있다고 내가 이해하고 넘어가려고 한다. 회원님들도 일하면서 힘든 날이 있으니 이해해야 한다. 근데 상습적인 취소는 다르다. 나의 기분을 직접적으로 표현할 수는 없다.

그렇게 나는 수업을 진행한다. 회원님에게 말은 하지 못하지만 기분은 좋지 않다. 그러니 평상시 수업할 때의 텐션만큼 나오지 않는다. 표정 관리도 잘 안 되어서 잘 웃질 못한다. 사람이 말이 전부는 아니다. 말은 안 해도 그 어색한 공기의 흐름을 누구나 느껴보았을 것이다. 회원님도 알고 있다. 본인이 거짓말을 하고 안 나왔다는 것을. 우연히 지나가다가 회원님의 술자리를 목격한 적도 있다. 연락이 왔을 때는 "오늘 몸이 안 좋아서 못 나갈 것 같아요." 라고 했는데 말이다. 아프다고 하는데 어떻게 진행처리를 할 수 있나. 당연히 다음 수업으로 넘겨드렸다. 그 시간이 비게 되어 홍보를 나간다.

"이런!"

지나가다가 회원님이 지인들과 즐겁게 술 먹는 걸 보았다. 그런 경험도 해 보니 '내가 너무 안일하게 행동을 하니깐 회원님들도 더 악용하는 건가?' 라는 생각을 해 본다.

그렇게 나는 달라져 보려고 한다.

'어떻게 하면 회원님이 잘 나올 수 있을까?'

'어떻게 하면 거짓말을 하지 않고 진실하게 나에게 말해줄까?'

20대 때를 생각해 본다. 그때는 기분이 나쁘면 바로 표현을 했다. 그렇게 취소하는 회원님들은 과감하게 진행처리를 했다.

"아이, 몰라. 수업 안하고 말지. 나도 기분 나빠서 못하겠다."

트레이너는 전문직이면서 서비스직이다. 당연히 회원님 앞에서 티를 내면 안 되었는데, 20대 때는 티를 많이 냈다. 내가 기분 나쁜 걸 얼굴로 표현했던 것 같다. 그렇게 회원님과 불편한 관계가 되어 본 적도 있고 그런 과정들 때문에 환불 처리도 해보았다. 이로 인해 대표에게 혼도 나봤다.

하지만 30대가 들어서면서 조금씩 나의 태도가 바뀌게 되었다. 시간이 지나서 그런 건지, 아니면 지켜야 할 사람들이 있어서 그런 건지 몰라도 나는 달라졌다. 아마도 책임감 문제인 것 같기도 하다.

회원님들과의 캔슬처리 부분은 시간이 지나도 여전히 문제로 남아 있다. 그 적정선을 어떻게 찾아야 할까? 어떻게 회원님의 기분을 안 나쁘게 하고 나의 기분도 지킬 수 있을까?

요새 '태도'에 대하여 생각해보게 된다. 사례를 하나 들어보겠다. 회원님에게 말한다.

"회원님, 저희 계약서 양식상 취소는 12시간 전에만 가능하세요. 한두 번은 넘어가겠는데 지속적으로 이렇게 취소 처리하시면 앞으로는 정말 진행처리 하겠습니다."

"아니, 내가 근무 상 갑자기 야근 잡히는 부분을 어떻게 해요? 그 부분은 이해해 주셔야 하는 거 아닌가요?"

"저희도 계약서 양식이란 게 있어서 어쩔 수 없습니다. 그리고 제가 회원님 못 나오신 날 술 드신 모습도 보았습니다."

"참나, 알겠어요. 그냥 앞으로 무조건 진행처리하세요."

이렇게 대화가 끝났다고 가정해 보자. 이 트레이너와 회원님의 다음은 없을 것이다. 양쪽 모두 기분이 나쁜 상태가 될 것이다. 피트니스 업계뿐만 아닌 개인 스케줄을 잡는 곳들은 이런 고충들이 있을 것이다. 진행처리를 안 하자니 찝찝하다. 그렇다고 하기도 찝찝하다.

요새 나는 '태도'에 관해 다르게 접근했다. 일단 술을 먹는 모습을 보았어도 나는 말하지 않을 것이다. 일하면서 당연히 술 먹고 싶은 날이 있고, 지인들과 스케줄 맞추는 일도 있을 수 있으니 요샌 그러려니 한다. 하지만 이야기는 해야 할 것 같긴 하다. 너무 상습적인 길 막기 위해서라도 "회원님이 살 나오셔야 운동노 살 알 수 있다." 라고 정중하게 말해본다.

"관장님, 저 오늘 못갈 거 같아요."

"무슨 일 있으세요?"

"다른 게 아니라 급하게 지인들과 술 약속이 잡혀서요."

수업 10분 전이었다.

"네, 알겠습니다. 회원님 저 부탁드릴 게 하나 있습니다. 수업을 취소하시는 건 상관없습니다. 하지만 수업 10분 전에는 저도 준비하고 있고 다른 회원님들의 스케줄도 조절해야 하는 부분 때문에 서너 시간 전에는 꼭 말씀 좀 부탁드리겠습니다. 회원님의 시간도 소중하듯이 제 시간도 조금만 소중하게 생각해주시면 진짜 감사드리겠습니다. 미리 말씀해주시면 적극 반영해서 조절해드리겠습니다. 감사합니다."

"네, 알겠습니다. 관장님."

그렇게 이야기를 마치고 그 뒤로는 회원님은 수업에 잘 나오고 있고 취소 처리가 아예 사라졌다. 회원님과 나의 관계는 더욱 돈독해졌다. 20대 때는 '표정'이나 '태도'에 대해 많이 생각해보지는 못했던 것 같다. 그날그날 기분에 맞춰 삶을 살아갔던 것 같다.

내가 어떻게 말을 하느냐에 따라 상대방 또한 기분이 좋아질 수도 나빠질 수도 있다고 생각한다. 말 한 마디가 천냥 빚을 갚는다는 말을 요새 느끼고 있다. 내가 기분 나쁘다고 내 기분을 그대로 전달

하기 보다는 오히려 더 그 사람을 미안하게 만드는 게 더 현명하다

고 생각하는 요즘이다.

난 그렇게 '태도'에 대해 생각해본다.

직원에게 존경받는 방법

사람들은 이야기를 한다. 대표와 직원은 갑과 을의 관계라고. 그렇다면 여기서 누가 갑이고 을일까? 직장 생활을 할 때는 내가 을인 줄로만 알았다. 시간이 점점 흐르면서 나는 갑의 위치에 올라왔다. 하지만 내가 정말 갑이 맞을까 생각한다.

대표는 항상 버림받는 존재다. 직원을 쉽게 그만두게 할 수도 없다. 직원은 말 한마디면 끝이다.

"사장님, 저 그만둘게요."

심지어 무단으로 안 나오는 경우도 경험했다. 대표가 먼저 나갈 수 있는 방법은 매각 또는 폐업 말고는 없다. 그렇게 나는 운영하면서 항상 버림받는다.

아무리 직원들과 즐겁게 생활하고 잘 지내보려고 노력한다. 하지만 상사와 직원의 입장 차이란 게 있기 때문에 허심탄회하게 이야기할 수 없는 부분 또한 많이 있다. 직원들끼리만 이야기를 나눈다. 대표는 끼어들 수 없다. 대표를 뒷담화하며 스트레스를 풀 수만 있다면 그 또한 나는 받아들인다. 예전에는 그런 것들이 서운했다. 하지만 지금은 그렇지 않다. 내가 선택한 대표라는 자리는 그런 것이다. 받아들이면 편안해진다. 직원들의 단합이 좋아진다면 나를 뒤에서 욕해도 상관없다. 난 그런 존재이다.

시간이 지나 업무가 적응된다. 1년 정도가 지나면서 직원들을 많이 잃었다. 지금 생각해 보면 당연한 것이었다. 나는 작은 매장을 운영한다. 나보다 더 큰 매장들이 넘쳐난다. 또한 월급도 비슷하다. 내가 그들을 성장하게 할 수 있는 방법에 대하여 많이 생각해 보지는 않았던 것 같다. 그냥 일을 하니 월급만 제때 주면 된다고 생각했다. 임금을 체불하는 매장도 많이 있다고 한다. 당연하고 기본적인 것인데 나는 그게 대단하다고 생각했던 것 같다. 그러니 당연히 나의 발전을 위해 새로운 도전을 하려고 시도했을 것이다. 그땐 몰랐다. 초보 사장인지라 그런 부분에 대해 알지 못했다. 시간이 점차 지나면서 많이 느끼게 된다.

그 뒤로는 나는 계속 공부를 한다. 내가 압도적으로 많이 알아야 그들에게 돈 뿐만 아닌 무형의 자산 또한 줄 수가 있다. 그래서 나는 글쓰기 또한 진행은 하고 있다. 요새는 브랜딩이 시대다. 저마다의 색깔과 저마다의 장점을 부각해야 한다. 공부는 졸업했다고 끝나는 게 아닌 졸업을 한순간 더 열심히 공부해야 한다는 것을 이제야 느낀다.

나는 이제 버림받는 것에 관해서 두려움을 느끼지 않는다. 1년마다 나간 직원들이 생각이 난다. 그땐 몰랐다. 그들을 원망도 많이 했다. 하지만 지금은 독서를 하면서 그런 것들이 많이 전환되었다. 내가 부족했고 내가 그들의 성장을 도와주지 않았기 때문에 퇴사하게 되었다. 그 부분을 생각하면 지금은 너무 미안하다.

현재 매니저 친구가 있다. 이제 나와 함께 일한지 3년 차가 되어간다. 여태까지 근무하면서 많은 성장을 하고 있다. 그 친구에게 매년 미션을 준다. 성장할 수 있는 방법에 대해 알려준다. 내가 걸어왔던 길이 있기에 그 친구를 남들보다 빠른 성공을 할 수 있게 도와주고 싶다. 내가 겪은 잘못된 행동과 잘했던 행동을 알려준다. 그렇게 그 친구는 매년 성장하고 있다. 매년 믿음의 수치가 올라가고 있다. 이제는 나 없이도 모든 업무를 능숙하게 해낸다. 그렇게 나와 꿈을 함께 하는 친구가 있어 너무 든든하다. 그렇게 나 또한 성장을 하기 위해 생각하고 도전하고 실행하고 있다.

대표는 직원에 대한 스트레스를 안 받을 수 없다. 스트레스를 받고 싶지 않다고 하면 대표를 하지 말아야 한다. 그걸 당연하게 받아들일 준비가 되어 있으면 대표를 해도 된다. 초창기 나는 그런 것을 몰랐다. 그래서 많이 힘들어했다. 시간이 지나면서 알게 되었다. 지금은 당연하다고 받아들인다. 그러니 한결 편안하다. 불안하지 않다. 떠나도 이제는 쿨하게 그 사람을 응원해 준다. 최근에 내가 쓴 글이 생각난다.

직원 욕하는 대표 vs 대표 욕하는 직원

직원과 대표는 서로에게 필요한 존재이다. 보통 대표는 돈 때문에 스트레스를 받는다고 생각한다. 그 돈 때문에 직원들에게 싫은 소리를 하고 그런 과정에서 문제가 많이 생긴다고 생각한다. '너 때 재등록을 못 하는 거지.' 등등. 대표는 직원 때문에 지출이 많이 나간다고 생각하기 보다는 직원 덕분에 내가 매출을 높일 수 있다고 생각한다. 보통 이렇게 말한다. 하는 것도 없는데 월급을 많이 받아간다고 생각한다. '왜 친절하지 못하지?' '왜 재등록을 못 시키지?' 기본적으로 직원의 마음가짐이 절대 대표와 똑같을 수 없다. 당신도 직원이었을 시절이 있을 것이다. 밤낮없이 매장을 생각해 보았는가? 이때는 대표였을 것이고 직원이었을 때는 그런 생각들을 하지 않았을 것이다.

깊이 생각해 본다. 돈 욕심을 조금 내려놓으면 마음이 편안해진다. 조금 흐트러지면 어떠한가. 선만 넘지 않으면 어느 정도는 내려놓는 것도 방법이다. 직원은 대표를 왜 욕할까? 월급이 밀려서 지시를 많이 해서 성격이 안 맞아서 기타 등등 정말 무수한 이야기들이 많이 있을 것이다.

여기에서 거를 것만 알려주겠다. 월급이 단 1번이라도 밀리면 바로 그만두어라. 1번 밀리기 시작하면 그건 그 사람의 성향이라 분명 그런 스타일이다. 지속해서 발생할 것이다. 그런 경우 대부분 외제 차를 타고 다니는 대표들이 많을 것이다. 차를 팔아서라도 월급은 줘야 하지 않을까?

2번째 욕하는 대표. 욕설을 하고 폭행하는 대표 옆에는 절대 있지 마라. 그 사람의 성품이 그래서 그런 것이다. 그렇게까지 욕하고 폭행하는 대표 옆에 있을 이유가 있을까? 세상은 넓다 정말 좋은 대표님들도 많이 있다. 순간의 월급 때문에 나의 자존감마저 잃어가면서 하지 마라. 오히려 병원비가 더 나올 것이다. 심지어 우울증 자살 충동까지 생길 수 있다. 그렇게까지는 하지 마라. 일할 곳은 많다. 위에 2가지만 아니면 성격이 안 맞아서 일이 힘들어서 어느 정도는 1년은 참아보길 권한다. 그 과정에서 분명 배우는 것들이 생길 것이다.

대표와 직원은 서로 욕하고 헐뜯는 존재가 아니다. 대표는 직원이 있기에 나의 소중한 가게가 운영되고 내가 매출을 발생할 수 있다고 생각한다. 사람마다 내향적인 사람, 외향적인 사람 모두 다르다. 결과적으로 어떤 성향의 사람을 직원으로 고용했던 간에 스스로 선택한 일 아닌가. 직원을 원망할 이유가 전혀 없다. 스스로 선택한 사람이다. 직원 또한 마찬가지이다. 직원은 여러 군데 면접을 보았을 거다. 그 대표 또한 직원이 선택한 대표이다. 대표에 대해 많이 알 수는 없지만 뭔가 사람은 첫인상에서 풍기는 무언가가 있다. 세상에 안 힘든 일은 없다. 위의 2가지 내용만 아니라면 1년 정도는 버텨보는 것도 살아가는데 도움이 될 만한 것들이 많이 생길 거라고 생각한다. 나중에 대표가 될 거라면 대표 입장에서 일을 해보아라. 똑같은 월급을 받을지언정 나의 마음가짐에 따라 향후 미래는 달라질 수 있다. 그냥 시간만 보내고 간다는 생각을 한다면 영원한 직원으로 남을 것이다. 그것 또한 개인의 선택이며 직원이 대표를 욕하며 나중에 직원이 대표가 되었을 때 똑같이 스스로에게 욕한다고 생각하면 될 것이다. 대표와 직원 모두 상생해야 하는 존재이다. 둘 다 소중한 사람들이다. 대표가 있기에 직원은 월급을 받을 수 있고 직원이 있기에 대표는 월급을 줄 수 있다.

　이런 태도로 삶을 살아가니, 나는 내가 선택한 일을 사랑하게 되었다.

회원에게 신뢰를 얻는 방법

어느 날 20대 여성분이 상담 받으러 들어온다. 상담을 시작한다.

"선생님, 저 숨쉬기가 힘들어요. 병원에서 살려면 운동하라고 하네요."

회원님마다 유형은 다 천지 차이이다. 다이어트 등등. 10년 동안 트레이너로 일하면서 이렇게 직설적으로 상담을 받으러 온 회원님은 처음이었다. 보통 대부분 '저 군살을 빼고 싶어요.' '체중이 많이 나가서 체중을 빼고 싶어요.' 정도지. '저 숨쉬기가 힘들어요. 살기 위해서 운동하러 왔습니다.' 이렇게 말하는 회원님은 난생처음이었다.

상담하면서 정말 그 심각성을 더 느끼게 되었다. 조금만 걸어도 숨이 차서 걷다가 숨을 고르고 그걸 계속 반복한다고 한다. 생계를 위해 일도 해야 하는 상황이었기에 서서 일하는 순간도 몸이 너무 힘들다고 한다. 계단은 10칸 올라가는 건 꿈을 꿔야만 가능하다고 한다. 누구에겐 쉬운 계단이었지만 회원님에겐 절대 할 수 없는 일이었다. 그만큼 상태는 심각했다.

그렇게 회원님은 살기 위해 운동을 시작한다. PT 수업을 2주 정도 지났을 때 회원님에게 연락이 온다.

"여보세요. 관장님이세요?"

"네, 회원님 무슨 일 있으세요?"

"저 다른 게 아니라 여성 선생님이랑 운동 같이 못 하겠어요."

"어떤 부분 때문에 그러실까요?"

"저 운동하면 하루에 1kg씩은 빠질 줄 알았는데 생각보다 많이 더 진 것 같아요."

"선생님이 저 잘 알려주고 있으신 거 맞나요?"

회원님 말씀의 뜻은 이랬다. 그 2주 동안 10kg 이상 빠질 거라고 생각하고 운동을 시작했다고 한다. 회원님의 입장에서는 엄청 극적으로 빠지길 희망하셨나 보다. 그래서 회원님은 선생님을 바꿔 달라고 하신다.

"회원님 저희가 1달에 평균 5kg 감량정도 목표를 잡고 진행을 해 드리고 있습니다. 노력 여하에 따라 그 이상 그 이하 범위 내에서 다이어트를 진행해 드리고 있습니다. 세일 선상하게 빼는 수지 같은 경우는 한달 기준 3kg 감량 정도가 건강을 해치지 않는 범위에서 다이어트하는 수치라고 생각하시면 됩니다. 만약에 회원님이 말씀하신 1일 1kg 감량이었다면 한 달 기준이면 30kg인데 그렇게 수치를 뺄 수 있는 방법은 어디에도 존재하지 않습니다."

"저는 잘 모르겠어요."

"일단 관장님 보면서 이야기하고 싶어요."

"네, 알겠습니다. 센터에서 다시 차근차근 말씀드리겠습니다."

그렇게 회원님과 나는 대면하며 이야기를 나눈다.

"회원님, 안녕하세요."

"네, 안녕하세요. 저, 생각했던 거만큼 다이어트가 되지 않아요."

"회원님, 어제 말씀드린 것처럼 한 달에 기준 5kg 감량 정도면 충분히 잘 빼고 있으신 겁니다. 급하게 뺄 경우 건강상 정말 좋지 않으세요. 탈모도 심하게 올 수도 있고 위경련, 속쓰림, 무기력증 이런 것들이 동반되어 올 수 있습니다."

"천천히 빼셔야 회원님이 요요 없이 꾸준하게 몸 관리하실 수 하실 수 있으세요. 저희를 믿고 조금만 천천히 다이어트에 임했으면 좋겠습니다."

회원님은 긍정적으로 받아들이진 않았지만 시큰둥하면서 알겠다고 말했다. 그렇게 다시 운동을 시작하게 되었다. 그렇게 2주란 시간이 더 지나 회원님에게 연락이 왔다.

"관장님, 저 선생님 좀 바꿔주세요."

"네, 무슨 일 있으세요?"

"선생님이 표정도 좋지 않고 스케줄을 잘 맞춰 주지 않아요."

"아, 네. 알겠습니다. 일단 제가 담당 선생님과 이야기 나누어 본후 다시 연락드리겠습니다."

그렇게 담당 선생님과 면담을 진행한다.

"선생님. 회원님이 수업할 때 표정도 좋지 않고 스케줄도 잘 안맞춰 준다고 하는데 무슨 일 있으실까요?"

회원님에 말만 듣고 다짜고짜 선생님에게 화낼 수는 없었다. 선생님의 이야기도 들어봐야 했다.

"관장님, 제가 열심히 해서 몸무게를 안 빼 드린 것도 아니고 계속 원래 1일 1kg 빠져야 하는 거 아니냐고 계속 말씀하시고. 설명을 해 드려도 그때뿐입니다. 그때 이후로 제가 무슨 말씀을 해도 대답도 건성건성 해주시고 단답형으로 말씀하시는데 저도 정말 노력한다고 했는데 어떻게 해요? 그리고 제가 스케줄을 안 잡아드린게 아니라 스케줄을 즉흥적으로 잡으시고 수업 1시간 전에 취소내시고 어느 날은 연락도 안 되시고 하는데요. 그래서 연락 안 되셔서 수업 진행 처리했는데 그건 왜 진행 처리하느냐고 자기 기분 나쁘냐고 합니다. 서의는 시간으로 버는 직업이라 회원님이 부단이랑 너무 잦은 취소만 아니시면 진행 처리하진 않습니다. 회원님이 무단으로 안 오셔서 형평성을 위해 저희는 진행 처리를 할 수밖에 없었습니다. 이렇게 말씀드렸는데. 그때부턴 더 저에게 까칠하게 대하셨어요."

선생님의 대략적인 이야기는 이랬다. 자초 설명을 듣고 나는 다시 회원님과 이야기를 나눈다.

"회원님, 담당 선생님께서 일이 있으셔서 이렇게 설명해 드렸다는데. 맞을까요?"

"그 부분도 맞는 말이긴 해요."

"네, 회원님 저희는 시간을 파는 직업이라서 그 점 양해해주시면 감사하겠습니다. 그리고 1일 1kg 감량은 정말 현실적으론 맞지 않는 이야기입니다."

"잘 모르겠고 저 기분 나빠요. 관장님이 상담받으셨으니 관장님이 수업 진행해 주세요."

그렇게 나와의 운동은 시작되었다. 전 선생님에게 전달받은 내용이 있어 어느 정도의 회원님에 대해 인지하고 있었다. 약간은 까칠한 느낌을 없앨 수는 없었다. 빨리 빠지질 않는 체중에 조급함도 있었으며, 지친 몸을 이끌고 퇴근하자마자 와서 운동하기란 운동을 평생 해보지도 않았고 다른 분들에 비해선 2배 이상은 더 노력해야 했기에 예민하지 않을 수 없다고 생각했다. 그렇게 나는 회원님의 인식을 바꾸어야만 했다. 부정적인 생각을 만들면 안 되겠다고 생각한다. 첫 수업 나는 누워서만 운동을 시켜드렸다. 호흡법, 가동성 확보 힘이 들 순 있지만 동작이 끝나고 나선 누워 있는 상태보다 편안한 자세가 있을까?

나는 그렇게 회원님과 1달을 거의 누워서만 수업을 해드렸다. 어떤 분들은 그 모습을 보면서 저 회원님은 왜 누워서만 수업해요? 물어보신 회원님들도 있었다. 선생님마다 운동 알려주는 스킬이나 추구하는 방법들이 저마다 다르다. 인생이 정답이 없는 거처럼 운동 또한 정답이 없다.

나는 컨디션 상태가 좋지 않은 회원님이 어떻게 하면 조금더 편안하게 운동할 수 있을까? 어떻게 하면 긍정적인 마음가짐을 가질 수 있을까? 운동을 알려주는 건 당연한 부분이고 어떻게 하면 밝은 모습을 찾아드릴 수 있을까를 많이 고민했다.

다른 회원님들과는 다른 트레이닝 방법이 필요했다. 그래서 난 누워서 하는 트레이닝을 진행한다. 일단 과체중인 상태에 가득이나 계속 일어나서 근무를 하신 분에게 서 있는 것 조차 용납할 수 없었다. 일단 회원님이 편안한 상태에서 운동하길 바랬고 운동이 나오는 길이 불편하지 않았으면 했다. 그러면서 몸무게가 빠지는 수치를 체크한다. 허벅지 둘레 허리둘레 팔뚝 둘레의 변화를 확인한다.

"회원님, 인치가 점점 줄어드는 게 보이죠? 오늘은 1cm 줄어들었네요."

고도비만 분들은 몸무게가 1kg, 2kg 빠지는 건 티가 잘 나지 않는다. 그래서 난 수치보단 cm으로 회원님의 인치를 체크하고 눈으로 직접 확인을 해준다. 그 뒤론 회원님은 몸무게에 대해 말하진 않았다. 시야를 다르게 돌린 것이다.

부정적인 말을 하면 사람은 부정적으로 변해간다. 긍정적인 말을 하면 긍정적으로 변해간다. 그런 심리적인 부분까지 돌보는 게 트레이너가 하는 직업이며 회원님을 끌고 갈 수 있는 능력이라고 생각한다.

식단 같은 경우는 바로 바뀌진 않았다. 일단 드시고 싶은 거 드시라고 했다. 일단 운동부터 차근차근히 진행 후 운동 나오는 습관이 들면 그때부터 조금씩 바꾸자고 했다. 그렇게 운동을 진행하면서 첫 식단은 아침, 점심, 먹고 싶은 거 드시고 저녁만 다이어트식으로 가보자고 안내를 해드렸다. 그렇게 난 1달은 누워서만 운동을 시켰고 몸무게가 아닌 눈으로 보여드리는 체크 방식으로 몸무게에 대한 미련을 없애 드렸으며 힘든 식단은 적응이 된 후 천천히 저녁부터 바꾸어 나갔다.

그런 회원님은 근무를 마치고 와서 운동과 스트레칭으로 인한 개운함을 느끼셨고 하루 종일 서서 일한 지친 몸을 누워서만 운동을 시켜준다는 게 너무 편안하셨다고 한다. 식단도 바로 진행한 게 아닌 운동의 적응기를 가지고 난후 들어가 수월하게 시작하였다. 그렇게 1달에 회원님은 5kg 감량씩 천천히 다이어트를 진행하고 나갔다. 그런 나에게 마음이 열리셨는지 그 까칠했던 회원님은 사라졌다. 커피를 마시라며 커피도 사다 주신다. 이제는 일상생활 이야기도 나눈다. 운동뿐만 연애 상담 등 고민되는 부분은 나에게 편안하게 말해주신다.

나도 내가 아는 범위 내에선 말씀을 드리고 회원님의 말씀을 잘 들어 드리려고 노력한다. 그렇게 근 1년 가까이라는 시간이 지나간다. 고객님은 대략 40kg 감량에 성공했다. 어느 날 회원님이 말했다.

"관장님, 저 이제 남은 수업까지만 하고 그만 수업해야 할 거 같아요."

"네. 다른 계획 같은 게 생기셨나요? 원하시는 몸무게까진 조금 남기 하셨는데."

"네, 더 빼고 싶긴 한데. 저 이제 결혼하러 가요."

"아, 정말요? 축하드려요!"

"네. 감사합니다."

"제가 살이 빠지면서 몸도 마음도 이뻐지니깐 오빠랑 사이도 더 좋아졌어요. 그래서 이번에 결혼하기로 해서 나른 곳으로 이사를 가요."

"아, 정말 잘되셨네요. 회원님, 진심으로 축하드립니다. 그리고 부탁드릴 게 하나 있어요. 회원님. 꼭 운동의 끈은 놓지 마세요. 1주일에 2~3번 하고 안하고의 차이는 정말 하늘과 땅 차이예요. 아마 운동의 끈을 놓으면 예전에 있던 세포들로 인하여 요요가 올 확률이 정말 높아요. 그러니 꼭 타이트하게 운동을 안 하셔도 되니 운동의 끈만 가지고 있으세요. 정말 힘들게 뺀 살인데 다시 찌면 안 되잖아요."

"아, 네. 알겠습니다. 관장님 저 다이어트 시켜주셔서 감사합니다."

그렇게 회원님과 운동을 마친다. 마지막으로 회원님이 나에게 해준 감명 깊은 말이 아직도 생각이 난다.

"관장님, 저 숨 쉴 수 있게 만들어주셔서 감사드려요. 항상 건강하세요."

회원님이 이렇게 상냥한 분이셨나 생각이 든다. 나의 첫인상에 회원님은 살짝 건드리기만 해도 금방 터질 것만 같은 사람이었다. 그만큼 까칠하고 날카로운 사람이었다. 그런 회원님이 나에게 숨 쉴 수 있게 만들어주어서 감사한다고 한다. 이런 회원님들의 삶에 변화를 보면서 운동지도자라는 자부심을 갖고 꾸준하게 일할 수 있는 것 같다.

24시간 대기하는 전화상담

여행을 갔다. 난 업무전화를 받는다. 주말을 가족과 함께 보냈다. 난 업무전화를 받는다. 식사를 한다. 난 또 업무전화를 받는다. 나는 5분대기조다.

자영업을 하면서 내 개인 핸드폰에 헬스장 전화를 돌려놓았다. 상담 전화가 오면 받기 위해서다. 한 회원님이라도 놓칠까봐 휴대전화를 항상 몸에 달고 다닌다. 직원에게 맡길 수 있는 방법도 생각해 보았다. 하지만 마음이 내키지 않는다.

사장 마인드를 가진 직원은 없다고 한다. 아무리 직원이 상담을 잘한다고 해도 진짜 주인이 내가 하는 것과는 차이가 다르다고 생각한다. 책을 읽어본다. 누구는 맡기라고 한다. 누구는 상담은 주인이 다 받으라고 한다. 영업부가 가장 중요하다고 한다. 전화나 말투, 어투 그런 건 가르친다고 되는 것 같지 않다. 살아온 생활들이 있기에 개인마다 개성들이 존재한다.

그것을 바꿀 수는 없는 일이다. 직원은 주인이 아니기에 주말에는 쉬어야 한다. 나는 주인이기에 주말에 전화를 받아도 상관이 없다. 그래서 그냥 나는 내가 받기로 한다. 그렇게 24시간, 나는 5분 대기를 하고 있다.

어느 날 현실을 깨닫게 된다. 이렇게까지 불편하게 주말을 보내야 할까? 어떤 부귀영화를 누리기 위해서 이렇게까지 해야 한단 말인가. 주말에는 전화를 안 받아볼까 생각도 해본다. 하지만 그렇게 되진 않았다. 그냥 조금은 불편하더라도 맘 편하게 받고 하는 게 더 속이 시원하다.

가족들에겐 미안하다. 주말에 같이 있는 시간조차도 전화가 오면 잠깐 업무를 봐야 한다. 아직은 나는 레벨이 높지 않나 보다. 다른 대표들은 다 맡기고 한다고 하던데. 사업을 해야지 장사를 하지 말라고 한다. 나도 머리로는 알겠다. 하지만 마음으로는 잘되지 않는다.

그냥 내 위치가 그렇다고 생각한다. 그렇게 생각하니 마음이 편안하다. 누군가가 나를 바라보는 시선이 어떻든 지금은 나에게 집중해 본다. 그 사람은 연 매출이 100억 되는 사람이고 나는 연 매출이 10억도 안 되는 사람인데 과연 똑같이 행동하는 게 맞을까?

인생에 정답은 없다고 생각한다. 내가 선택한 길이 정답이고 내가 하는 것이 정답이다. 실패를 하더라도 거기서 오는 경험들이 있을 것이고 그 실패로 인해 좌절하진 않을 것이다. 그 실패를 토대로 계속 방망이를 휘두르고 있다. 그러다 보면 언젠간 한방 걸릴 거라고 나는 생각한다.

대표인데 맨날 전화 대기하는 모습이 한심하다고 생각하는가. 절대 아니다. 내 환경에 맞춰 나는 판단했고 그렇게 사업을 진행하고 있다. 나도 어느 정도 고도에 올라가면 그런 것들을 체계화 할 수 있다고 생각한다. 하지만 지금은 아니다. 아직 나는 부족하다. 그 정도 레벨은 아니기에 나의 현재 수준에서 나는 정답을 찾고 있다.

5분대기조. 좋다. 이것도 내가 선택한 일이다. 내가 사업을 시작한 거지 누군가 나보고 사업을 하라고 한 것은 아니다. 그렇기에 누구를 탓할 것도 없다. 지금은 그러려니 하고 받아들인다. 왜. 내가 선택한 길이니깐. 내가 회원님들을 한명이라도 더 받고 싶은 내 마음이 강하기 때문에 나는 내가 직접 하고 있다. 이게 절대 잘못됐다고 생각하지 않는다.

사업을 하면 모두 성공한 삶일까? 쉬는 게 제대로 쉬는 게 아니다. 퇴근을 하더라두 불안하다. 가게는 굴러간다. 혹시라두 잠자리에 불이 나진 않을까 노심초사한다. 이게 편안한 삶을 산다고 말할 수 있는가. 절대 아니다. 사업을 하던 직장생활을 하던 다 장단점이 존재한다. 나는 내가 선택한 길이 사업이기에 누굴 원망할 수도 없다. 내가 선택한 길이기에 그러려니 한다.

당연하게 받아들이기로 한다. 힘들어도 상관없다. 불안해도 좋다. 내가 선택한 일이다. 5분 대기조 또한 좋다. 전화가 오면 마음이 좋아진다. 나를 찾는 고객이 있다는 거에 행복을 느낀다. 그렇게 나는 5분 대기조 인생을 살아가고 있다.

코로나 때 버텨낸 비결

2020년 코로나 팬데믹이 찾아왔다. 헬스장을 운영하면서 강제로 영업을 하지 못할 때도 있고 시간 단축, 인원 제한, 방역, 소독, 발열 체크, 마스크 의무 착용, 문서작성 많은 일들이 있었다. 그중에 코로나 걱정 때문에 환불도 많이 발생하였다. 초반에는 지원이나 이런 게 없었기 때문에 헬스장을 운영하는 많은 대표님들이 힘든 시간을 보냈다. 나 또한 피해 갈 순 없었다. 이 시기를 어떻게 극복해야 할까 하는 많은 고민도 해보았다. TV만 틀면 코로나 확진자에 대한 이야기만 나와 스트레스만 받는다. 머리에 코로나에 대해 세뇌당하는 나날을 보낸다. 나에겐 나를 응원해 주시는 회원님들이 있으셨다. PT는 1:1 수업이기에 마스크를 착용하고 오히려 더 나는 괜찮다며 수업애널라고 아시는 회원님들을 보며 마음에 큰 힘이 되어간다. 회원님들 덕분에 이 힘들이었던 시기를 잘 버텨 냈고 이렇게 책 쓰기를 하면서 감사의 마음을 전해본다.

2월 말 기하급수적으로 퍼지게 된다. 회원님들에게 전화가 온다. "저희 못 나가겠어요."의 문자와 전화를 수십 통을 받는다. 거의 마비 상태가 되었다. 초반에는 권고사항 이런 것 조치가 이루어지지 않았다. 그래서 회원님들의 판단으로 운동을 안 나오시는 상황이었다. 나 또한 불안해하시는 회원님들의 마음을 알기에 연기를 해 드리고 취소를 해드린다.

그해 3월 첫 번째 주는 거의 마비의 시간이었다. 선생님들이 나와도 해야 할 수업이 없었다. 그래서 나는 선생님들에게 강제 휴무를 드린다. 위험하기도 하고 할 것도 없으니 휴무하는 게 좋겠다고 나는 조치를 취한다. 그때에는 권고 사항이었기에 영업을 안 하기가 애매한 시기였다. 나온다고 하는 회원님들 또한 있었기 때문이다. 일명 눈치 게임이었다. 회원님의 90% 정도 안 나왔고 나머지 10% 회원님들은 나오셨기에 매장 문을 강제로 닫을 수 없었다. 사람마다 가치관의 차이가 있다. 위험해서 나는 안 나오겠다고 했던 분들이 거의 대다수였지만, 마스크 쓰고 손 소독하고 발열 체크하고 운동하면 되지 않느냐는 10%의 회원님들 또한 존재 하였다. 그렇게 난 3월 혼자서 매장을 오픈 마감을 진행한다.

그 당시 아내가 아이를 배고 있었던 시기이다. 내가 코로나에 걸

리면 안 된다는 걱정을 많이 하던 시기이다. 매장을 운영하면서 회원님들과의 약속한 게 있기 때문에 책임감으로 나갈 수밖에 없었다. 내가 최대한 위생관리 잘하고 마스크 철저히 쓰고 사람과의 대화는 최대한 멀리해야 한다는 인식을 해본다.

6시 회원님과의 수업을 진행한다.

"회원님, 수업 나오기에 안 불안하세요?"

"사람도 많이 없는데 뭘. 난 여기만큼 안전한 곳은 없다고 생각해. 뉴스를 보면 실외라는 기준이지 실외에 사람이 더 많은 곳도 엄청 많이 있거든. 나는 이해가 되질 않아. 방역 지침 잘하고 방역기준 잘 지키고 있는 실내 매장들이 얼마나 많은데. 오히려 사람들이 실내 매장을 두려워하니 실외 매장으로 가는데 실외 매장들은 지금 호황기를 누리고 있는 거 같던데. 나는 아이들이 다 커서 걸려도 크게 상관없으니 너무 신경 쓰지 말고 관장님이 불편하지만 않으면 나는 계속 운동하고 싶네. 나라도 도와줘야 관장도 버틸 수 있을 거 아니야."

그 말에 나는 너무나 큰 힘이 되었다. 그렇게 말해주는 회원님이 있기에 매장을 떠날 수가 없었다.

회원님이 말씀해 주신 그 말에 반대의 의견은 없었다. 그 당시 방역 지침은 정말 형평성에 너무 어긋나 있는 상황이었다. 나라에서 내린 준수사항들을 지키면서 운영을 하고 있는데도. 그렇지 못한 매장들은 제재가 없는 곳도 있었고 힘든 시기를 보내고 있는 매장들이 있으며 오히려 더 호황 하는 매장들 또한 존재하였다.

누군가는 피해를 보면 누군가는 이득을 보는 이점에 대하여 알고는 있으나 이건 너무 일방적으로 터지는 게임이었다. 힘없는 나는 그 상황을 피해 가야만 했던 한 사람일 뿐이었다. 그렇다고 포기할 순 없었다. 그 상황에 맞춰 최선을 다하면 이겨낼 수 있을 거라고 믿어보았다.

그렇게 내가 버틸 수 있었던 건 나를 믿고 나의 매장을 지켜준 회원님들이 있기에 회원님들이 운동할 수 있는 공간을 계속 유지하는 게 내가 할 수 있는 최선이라고 생각했다. 시간이 지나 회원님이 말씀해 주신다. 그때 자기 또한 불안하셨다고 한다. 하지만 내가 어려운 환경 속에서 이겨낼 수 있게 응원이라도 해주고 싶었다고 한다. 나라도 도와줘야 계속 운영할 수 있지 않을까 생각하셨다고 한다. 그때 회원님은 아직도 나의 센터를 지켜주고 있으시다. 너무 감사한 일이다.

그 힘든 시기에 나를 도와주지 않았다면. 나의 센터는 존재하지 않았을 것이다. 그렇게 힘든 시기에 떠나는 회원님들 또한 있었지만 지켜준 회원님들 또한 있었다. 정말 큰 힘이 되었다. 그런 고마움 때문에라도 매장을 정리할 수가 없다.

나의 진정한 팬이 되신 회원님이 있기에 나는 자리를 지켜야만 한다고 생각한다. 지금은 돈을 떠나서 어른들의 놀이터를 만들어 드린다고 생각한다. 다른 곳 또한 헬스장이 많이 존재한다. 하지만 나를 보고 오시는 것이기 때문에 나 또한 그런 회원님들 마음에 보답해야 한다고 생각한다.

언제가 될지는 모르겠다. 지금도 회원님은 우리 센터를 지켜주고 있다. 회원님이 떠나지 않는 이상 나 또한 아무리 매장이 낙후가 많이 되어있다고 해도 정리할 생각이 없다. 그게 내가 힘들었을 때 나를 지켜준 회원님들에게 도리라고 생각한다. 그렇게 오늘도 난 나의 매장을 지켜본다.

회원과 소통할 때 단어 선택이 중요하다

서울에 근무하였을 때의 일을 이야기해 보려 한다. 한 트레이너가 회원님에게 운동을 지도한다. 회원님에게 엉덩이를 쓰는 법을 알려주시면서 말한다.

"회원님 똥구멍에 힘주세요."

참 슬픈 현실이다. 그 많은 단어 중에 왜 하필이면 똥구멍에 힘주라고 이야기했을까? 회원님은 불쾌하셨는지 환불 처리해달라고 하신다. 운동선수와 운동 지도자는 엄연히 다른 직업이다. 운동선수는 자기가 직접 운동해 몸으로 무엇인가를 표현하는 직업이다. 운동지도자는 말 그대로 운동을 지도하는 사람이다. 내가 운동을 할 때와 내가 운동을 가르칠 땐 엄연히 다른 태도로 접근해야 한다.

요새는 유튜브나 인스타가 인생을 살아가는 데에 있어 많은 정보를 제공해 준다.

예전 1세대 트레이너는 몸이 좋았어야만 했다. 그 시절엔 그게 회원님에게 다가가는 신뢰였다.

내 기억으론 PT라는 단어가 2010년부터 붐이 이루어졌다. 그전에는 관장형 헬스장인 누구나 오면 단발로 알려주는 시절이었다면 현재는 한 헬스장에 트레이너들이 많이 상륙하여 PT라는 상품이 만들어졌다.

그렇게 시간이 흘러 현재는 정말 수많은 운동이 탄생하여 있다. 소규모의 1:1 샵이 많이 생기면서 피트니스 업계는 많은 발전을 하였다. 우리 분야에서 나온 책들을 보면 대부분 운동 교육 관련 책에 대해 많이 나와 있지 태도에 대한 책에 대한 건 많이 없는 것 같다. 나는 그런 부분을 이야기 해보려고 한다. 현재는 수많은 교육기관도 많이 존재하고 있다. 전문지식은 가르쳐주는 곳은 있으나 이런 태도에 관해 이야기하는 건 많이 없는 것 같다.

예를 들어보겠다. 트레이너라고 하면 전문직을 이며, 몸에 대해 공부를 하는 사람이다. 운동을 지도하는 사람들이다. 아무리 내가 많이 알고 몸이 좋고 한다고 한들 회원님을 아랫사람 대하듯 대하고 '아, 회원님 그렇게 하시면 어떻게 해요? 제가 그렇게 하지 말라고 했잖아요.' 화를 내는 트레이너도 있다. 얼굴 좋고 봄도 좋고 말도 잘하니 회원님들이랑 나가서 술 먹고 연애하는 트레이너도 분명히 있다. 회원님들이 주어진 시간을 사신 건데 그 시간을 다 채우지 않고 일찍 수업을 마치는 트레이너도 있다. 수업 10분 전인데 중간에 나가서 담배 피우고 담배를 풍기는 트레이너도 있다.

여기까지 이야기하겠지만 정말 수많은 유형의 트레이너들이 많이 있을 거다. 과연 전문지식만 갖춰있는 트레이너에게만 수업 받고 싶을까? 말 한마디로 천 냥 빚도 갚는다는 말이 있다. 나는 그 사람의 배경보단 그 사람의 인격이 정말 중요하다고 생각한다. 운동 기술적인 부분에서 아주 부족하더라고 그 부분은 가르치면 좋아질 수 있는 부분이다.

하지만 태도는 어릴 적 본성이 있기에 쉽게 바뀌지 않는다. 그런 사람들 때문에 트레이너는 싸잡아서 일반 회원님들에게 인식이 좋지 못하다. 과연 우리가 트레이너라서 좋지 못한 사람들일까? 절대 아니다. 사람 본성 태도의 문제이지 직업에 문제가 아니다. 저 위의 트레이너처럼 '똥구멍에 힘주세요.' 라는 말이 과연 최선이었을까? 다른 단어로 표현할 순 없었을까? 나는 표현을 바뀌어본다.

똥구멍에 힘주세요. vs 괄약근에 힘주세요. 똥꼬에 힘주세요. vs 엉덩이에 힘주세요.

단어에 대해 생각해 본다. 말에는 송곳이 존재한다. 같은 의미의 단어일지라도 어떤 단어를 쓰느냐에 따라 받아들이는 인식이 너무

나 다르다. 이것 외에도 하나의 예시를 더 들어보려고 한다.

초보자 회원님이 있다. 운동을 가르치다 보면 사람마다 운동수행 능력이 차이가 크게 있다. 처음 운동하더라도 잘 따라오시는 회원님들이 있다. 다른 편으론 운동을 정말 못 따라오시는 회원님들이 있다. 운동을 못 따라오고 못 하기 때문에 수업을 받는 것이다. 가르치는 동안 본인의 가르침을 잘 못 따라온다고 해서 화내는 트레이너 또한 보았다.

"회원님, 제 말의 뜻이 이해가 안 되나요?"

버럭 화를 낸다. 내향적인 회원님들은 아무 말도 못 하고 식은땀을 흘려가며 받아들인다.

"제가 하고 싶은데 마음처럼 잘되지 않아요."

"정말 몸치 끼가 많이 있으시네요."

회원님을 비하하듯 말을 내뱉는다.

이런 상황들이 쌓여 트레이너란 인식이 자리 잡히게 된 것 같다. 이건 사람에 대한 문제이지 절대 트레이너에 대한 문제는 아니다. 사람 자체가 배려가 없고 태도가 불성실한 사람이다. 요새는 인스타만 보아도 그 사람의 인생을 들여다볼 수 있다. 정말 빅 데이터의 시대이다. 나의 인스타만 보아도 2019년도의 기록들이 남아있다. 보통 꾸준하게 트레이너 일을 했던 사람들이라면 인스타는 누구나 하고 있을 거라고 생각한다.

선생님을 고를 때 그 사람의 흔적을 살펴보는 걸 추천 드린다. 그 사람의 태도 가치관 철학을 들여다볼 수가 있다. 혹시라도 인스타가 없으면 블로그라도 찾아보길 권한다. 정보만 올리는 게 아닌 그 센터의 이야기들을 들여다보면 나에게 맞는 선생님을 찾는데 어려움은 없을 거라고 생각한다.

만약 2가지 모두 안 한다고 가정을 해보겠다. 그 센터에 대한 정보가 없다. 그 사람에 대한 정보가 없다. 그러면 안 가는 걸 추천한다. 그만큼 본인들을 관리하고 있지 않다고 나는 생각한다. 그래야만 실패하지 않는 PT를 받을 수 있을 것이다. 위의 '똥꼬에 힘주세요.' 하는 선생님을 만나고 싶지 않다면 말이다. 주위에 선생님들은 정말 많이 있다. 꼭 최소한의 그 사람들의 흔적을 보며 현명한 선택을 하기 바래본다.

트레이너를 꿈꾸는 회원

"관장님, 저 회사를 그만두고 싶어요."

회원님은 회사에서 다니는 일이 재미없고 행복하지 않다는 솔직한 말을 나에게 말한다. 그렇게 계속 다니면서도 본인의 흥미와 열정을 찾기 힘들다고 느꼈던 것이었다. 그렇다고 바로 회사를 그만둘 수도 없었다. 평생을 해왔던 직업이니 쉽게 다른 일을 도전하기란 쉬운 일이 아니었다. 집안에 반대 또한 강했다.

"지금에 와서 회사를 그만두고 뭐하려고? 평생을 해 온 일이잖아."

"여보, 나 운동이 좋아졌어. 혹시 트레이너 해 보는 거 어떻게 생각해?"

회원님은 운동을 하면서 몸이 바뀌었고 바디 프로필도 찍으셨다. 40대 후반 늦은 나이에 회춘했다고 주위에서 말을 해준다. 회원님은 항상 하시는 일마다 실패하셨다고 한다. 그래서 자존감이 많이 낮은 상태였다. 그런 회원님에게 몸이 바뀌니 주위에서 오는 관심들이 신기하게 느껴졌다. 사람들의 칭찬을 들으니 자존감이 높아진다. 그래서 회원님은 운동을 좋아하게 된 것이다.

보통 트레이너는 몸 좋고 어린 친구들이 하는 직업이라고 많이 생각하고 있다. 그래서 수명 또한 짧다고 많이들 말한다. 그런 젊은 친구들 사이에서 회원님이 할 수 있을까라는 걱정을 한다. 남편 분께서도 반대를 한다. 하는 일이나 잘 다니라고 말한다.

어느 날, 나에게 묻는다. 트레이너 하려고 하면 자격증이 무엇이 필요하냐고. 일단 가장 기본적인 건 '생체 2급 자격증'이라고 알려 드린다. 회원님은 그런 자신의 상황을 변화시키기로 결심한다. 나중에 할지 안 할지 모르지만 자격증을 따는 건 상관없다. 그렇게 회원님은 회사를 다니면서 자격증 시험을 준비를 한다. 수업을 받으면서 운동과 공부를 병행하며 지도를 해드린다.

생체 2급 자격증을 취득하기 위해 PT를 받으며 노력하고, 그 자격증을 획득한다. 그렇게 회원님에겐 운명의 장난이라도 하듯 회사에 일이 발생한다. 회사에서 예상치 못한 구조조정이 들어가면서 회원님은 정직원에서 프리랜서로 강등되었다. 월급이 줄어들었고, 이전에는 정중하게 대해주던 사람들이 무시하는 듯한 느낌이 들었다고 한다. 평생을 해오던 일이였는데 그렇게 한순간 직급을 낮추니 자존감 또한 낮아졌다고 한다. 말이 프리랜서지. 그건 나가라는 뜻이었다고 한다.

회원님은 고민을 했다. 회원님은 자신의 미래를 다시 생각해보기 시작했다.

"트레이너로 전향할 수 있을까? 운동을 하는 일이라면 행복할 것 같아. 나 또한 운동을 하면서 많은 것들이 바뀌었다고 한다. 이런 나의 경험을 다른 이에게 알려준다면 보람된 삶을 살 수 있지 않을까? 남편도 나의 환경이 나의 의사가 아닌 타인의 의사에 의해서 바뀌었으니 도전을 한다고 하면 지원해주지 않을까?"

회원님은 이런 상황이 운명의 장난이라고 말한다. 그렇게 남편에게 회사에서 겪은 일을 말하고 남편 또한 그런 회사 다니지 말라고 하며, 한번 할수 있으면 도전을 해보라고 말씀하셨다고 한다.

회원님은 묻는다.

"관장님, 저 트레이너로 전향 해볼까 하는데 할 수 있을까요?"

나는 대답한다.

"네, 할 수 있습니다. 이미 자격증을 땄으니까요. 자신감을 갖으세요. 회원님도 느끼셨겠지만 트레이너는 다른 사람의 인생에 있어 전환점을 만들어줄 수 있는 직업입니다. 그만큼 힘든 일도 분명 존재하지만 보람도 같이 느낄 수 있는 직업입니다. 회원님의 열정과 노력이 보이고 운동을 진심으로 사랑하고 있으셔서 트레이너로서도 충분히 성공할 수 있을 거예요."

회원님에게 자격증을 취득했으니 도전해보라고 조언했다.

결국, 회원님은 그렇게 다니던 회사를 그만두었다. 자신의 발로 나와 속이 시원하다고 하신다. 그렇게 트레이너로 이직하기로 결정했다. GX와 병행 하면서 근무를 하고 있다고 하신다. 사람들의 건강과 행복을 돕는 일은 회원님에게 큰 보람을 주었다. 사람들이 건강하게 변화하고 행복해지는 모습을 보면서, 회원님은 자신의 선택에 만족하며 평생 다니던 직장에서 느끼지 못한 행복을 느끼신다고 한다. 이제 회원님은 새로운 삶을 살고, 자신의 열정을 쫓아가며 행복을 추구하고 있다. 그런 회원님을 보면서 나 또한 행복하다.

잘 되는 사람의 마인드

사업을 시작한다. 내가 하면 무조건 잘될 것 같다. 사업을 시작하면 무조건 월 천만 원을 벌기 쉬운 일이라고 생각한다. 당연히 그렇게 버는 사람도 존재한다. 더 버는 사람들 또한 많이 존재한다. 하지만 버는 사람들보단 소리 없이 폐업하는 사람들 또한 많다.

사업하는 사람들의 좋은 것만 보인다. 외제 차 좋은 집 여유로운 시간 많은 돈을 번다. 그중에서도 그와 반대되는 사람 또한 존재한다. 가족과의 시간 확보. 힘든 생계. 어쩔 수 없이 운영한다. 폐업하면 손해를 더 많이 볼 수도 있다. 팔고 싶다. 그런데 안 팔린다. 버티다 결국 철거를 한다. 손해가 막심하다. 보이지 않는 곳 또한 존재한다. 과연 내가 하면 무조건 100% 잘될까? 준비되지 않고서 하면 과연 가능할까? 나 또한 사업 초반 준비가 되어 있지 않은 상태에서 사업을 시작했다. 그래서 많은 고난과 역경을 경험해야만 했다.

직원과 사업주의 차이는 엄청나다. 결이 같을 순 있지만 내막을 들여다보면 정말 직업을 바꾸는 작업이다. 직원으로 일할 때 잘했다고 해서 잘할 수 있겠다고 생각하기 쉽다. 내가 저 대표보다는 무조건 잘할 수 있을 것 같다고 많이들 생각한다. 그런 자신감으로 사업을 시작한다. 하지만 현실은 결코 만만치 않다.

'나, 사업하고 있어.' 이렇게 말하면 대부분 사람들이 '돈을 많이 벌어서 좋겠다. 나도 사업하고 싶다.'라고 말한다. 하지만 잘되는 사장님들 또한 많이 있지만, 정말 안 되는 사장님들 또한 존재한다. 내가 아는 지인은 한 달 매출이 직원 월급 줄 수 있는 수준만 나왔고 월세 공과금이 1,000만 원 정도 나왔었는데 한 달에 '−1000만 원'이라는 적자를 메꾸다 결국 무권리로 사업체를 넘기는 경우도 보았다. 이렇게 사업을 하면 무조건 1,000만 원을 벌 수 있을까?

그 친구 또한 직원 생활을 할 때 에이스 소리를 들었던 친구이다. 맨날 외부 활동을 하는 대표를 보고 좋은 차, 좋은 집에 사는 걸 보면서 나도 할 수 있을 거라고 하고 투자를 받아 도전한다. 결국 그렇게 시작은 하였으나 적자를 면치 못하고 이 운동업계를 아예 떠나버렸다.

이렇듯 잘되면 정말 많은 걸 누릴 수 있는 게 사업이지만 정말 못

했을 경우에는 정말 낭떠러지까지 갈 수 있다. 이런 심적 압박감과 전체적인 걸 진두지휘하는 능력이 없다면 사업을 하는 게 잘하는 행동일까? 그래서 사장 공부는 미리 해야만 한다. 사장 공부를 하는 건 현재 대표님들 또는 내가 아는 사람 중 대표의 자리에 있는 사람들에게 많이 물어보고 배워야만 한다.

보통 그런 말이 있다. 난 직원인데 주인의식을 갖고 일해라. 직원의 마인드가 아닌 내가 사장이 되고 싶으면 직원 생활을 할 때 사장의 마인드로 일을 하라고 한다. 그게 내가 향후 목돈을 모아 창업을 할 수 있을 때 성공할 수 있는 가장 빠른 지름길이다. 어떻게 내 돈이 안 들어갔는데 주인의식을 가질 수 있을까? 그렇게 생각하며 시간을 보낸다.

직원들을 보면서 느끼는 게 있다. 정말 미래에 잘 될 친구와 잘못될 친구들이 구별된다. 그 사소한 청소 하나하나에서도 이 사람이 어떤 마음가짐으로 일에 의미를 부여하고 있는지 보인다. 그런 친구들에게는 나 또한 마음이 간다. 내가 경험하고 알고 있는 모든 것들을 알려주고 싶다. 그 친구가 정말 잘되었으면 하는 진심이 생긴다.

이해는 할 수 있다. 나 또한 주인의식을 가지고 일을 하진 않았다. 보통 20대에 생각할 수 없는 기준이긴 하다. 그런 친구들은 그런 마음을 이해하고 품고 가고 있다. 하기만 확실한 건 대표의 입장에서 마음이 가는 에너지가 다르다. 내가 정말 창업을 하고 싶다면 현재에 일하는 곳에서 주인의식을 갖고 일해야 한다.

손해 본다고 생각할 수 있다. '남들은 열심히 안 하는데 왜 나는?' 이라고 생각할 수 있다. 비슷하게 하면 되지, 튀지만 않으면 되지 않을까? 그러면 기회가 점점 늦어질 것이다. 열심히 하는 친구들은 그만큼 기회가 왔을 때 그 기회를 잡을 수 있는 확률이 높아진다. 나 또한 직원 생활할 때는 몰랐다. 현재의 위치에 오니 느낄 수 있게 되었다. 그래야만 내가 창업할 때도 전 대표와 좋은 관계로 마무리하면 도움을 받을 수 있는 것들 또한 많아진다. 든든한 지원군이 생기는 것이다.

세상은 알아야 할 것들이 많이 있다. 나 혼자 잘나서는 모든 걸 다 해결할 수 없다. 나를 지지해 주고 나를 도와줄 수 있는 사람 몇 몇 정도와는 관계를 유지하는 게 정말 나중에 1,000만 원을 아낄 수 있는 길이다. 사람과의 관계 또한 자산이라고 생각하면 쉽게 대하지 못할 것이다.

이렇듯 직장 생활을 하면서 계속 성장하고 준비하여야 한다. 나처럼 맨땅에 헤딩하면서 배우지 말자. 그러면 고난과 역경 시간을 절약할 수 있을 것이다. 절대 손해 본다는 생각보단 지금 내가 주인이라는 마음가짐으로 일을 하길 바란다. 그렇게 하는 것이 내가 사장으로서 준비하는 기간이라고 생각하면 긍정적인 마음을 가질 수 있을 것이다. 그런 준비가 되지 않고 사업을 하면서 준비해야지 생각한다면 정말 망할 수도 있다.

직원 생활을 하면서도 '태도'가 정말 중요하다. 무조건 내가 창업한다고 해서 잘되지는 않는다. 잘된 사람도 분명히 있지만 잘못된 사람 또한 분명 많이 존재한다. 아니면 끝까지 직원 생활이 편하다고 생각하면 그렇게 일을 해도 상관은 없다. 선택은 본인이 하는 것이다. 인생에 정답은 없다. 나의 인생은 매 순간 나의 선택에 의해 정해진다. 사소한 일 하나하나 최선을 다하는 삶을 살아가 본다.

트레이너의 선한 영향력

40대 회원님이 나에게 말한다.

"관장님, 40대가 되니 몸도 바뀌니 마음이 좋지 않아요. 갱년기인가 봐요."

"관장님, 저 우울증이 좀 있어요."

"관장님, 드릴 말씀이 있어요. 저 이혼했어요."

40대의 회원님이 운동 등록을 하셨다. 나이가 들면서 몸에 탄력도 없어지고 재미있는 일도 없어 운동을 한다는 것이었다. 보통 평범한 회원님들 중 한 분이었다. 그렇게 난 수업을 진행하게 되었다. 회원님의 안색이 좋지 않다. 이런저런 이야기를 해보아도 잘 받아주질 않는다. 내성적인 분이라고 생각했다. 그렇게 1달 정도 회원님과 수업을 진행하면서 조금 조금씩 체력이 좋아지는 게 보인다. 나는 그런 회원님에게 칭찬을 한다.

"회원님, 요새 힘이 많이 좋아지셨네요. 저번보다 중량이 많이 느셨어요."

"아. 네 맞아요. 요새 살림하는데도 좀 편안한 느낌을 받아요."

"이제 체력은 많이 좋아지셨으니 꾸준히만 한다면 좀 더 이쁜 몸을 만드실 수 있을 거예요."

"네, 알겠어요. 관장님이 말씀해주신 것처럼 열심히 해보겠습니다."

그렇게 시간이 흐르면서 회원님은 나에게 신뢰가 생기셨다. 처음보다는 표정도 많이 좋아졌다. 말투에도 생기가 생겨나기 시작했다.

그러던 어느 날이었다. 주말에 수업을 잡지 않았던 회원님이 주말에 수업을 잡아달라고 한다. 주말에는 아이들을 돌보느라 못오시는 걸로 알고 있었는데 갑자기 수업을 잡아달라는 거였다.

"네, 알겠습니다. 주말에는 아이들 돌보셔야 했던 거 아니에요?"

"아, 네. 맞긴 한데. 체력이 좋아지고 몸이 바뀌는 게 보이니깐 욕심이 좀 나서요."

"아, 네. 알겠습니다. 주말에 뵙겠습니다."

그렇게 나든 내와 나르시 않게 수업을 신행해드렸다. 수업이 끝났다. 회원님이 나에게 할 말씀이 있다고 한다.

"관장님, 저 드릴 말씀이 있어요."

"네, 회원님. 말씀해주세요."

"저 다른 게 아니라 티를 안 내려고 했는데 저 이혼했어요. 그래서 주말에 나오고 싶었는데 티날까봐 주말에 안 나왔던 거거든요. 그래서 앞으로는 주말에도 운동 잡아주실 수 있으면 좀 잡아주세요."

"아, 네. 알겠습니다."

나는 태연하게 말씀을 드렸지만 그 순간 어떻게 반응해드려야 할지를 몰랐다. 이혼한 게 회원님의 잘못도 아니고 마치 죄지은 것마냥 조심스럽게 나에게 말을 해주셨다.

그렇게 나는 회원님의 비밀을 알게 되었다. 한편으로는 그렇게도 생각해보았다. 회원님이 나랑 그래도 지낸 시간이 있어 내가 신뢰성이 좀 생겨서 이런 말씀도 해 주신 거구나. 감사하게 생각해야 할 일이었다.

"관장님, 불편하게 해드린 건 아닌지 괜히 죄송하네요."

"아닙니다. 회원님, 그게 이혼했다고 해서 잘못한 게 아닌데 왜 그렇게 생각하세요. 오히려 솔직하게 저에게 말씀해주셔서 진심으로 감사드립니다."

"저 솔직히 나이 먹고 아이 낳고 살림하면서 뚱뚱해지고 늙어가

니간 싫어하는 것 같더라구요. 그래서 우울증도 왔었고요. 결국은 아이 아빠랑 이혼하고 평일에는 아이들 키우고 주말에는 남편에게 보내고 있거든요. 그런데 운동하면서 우울증 증세도 많이 호전되었고 예전에 젊었을 때보다 오히려 요새는 피부도 좋아지고 몸도 좋아져서 주위 사람들이 회춘한 것 같다고 마구마구 칭찬 해주더라고요. 그래서 주말에도 운동 열심히 하고 싶어요."

"회원님, 좋습니다. 운동이란 게 단순히 다이어트만 하는 게 아닌 몸이 바뀌면서 정신도 같이 건강해지는 거거든요. 그걸 느꼈다니 정말 저로서는 최고의 칭찬의 말입니다. 감사합니다."

"그래서 말인데. 저 조심스럽게 바디 프로필도 한번 도전해볼까 하는데요. 가능할까요?"

"그럼요. 회원님 사람이 못하는 일은 없습니다. 저는 모든 일에 도전을 하고 실행을 했다는 것만으로도 반절은 성공했다고 생각합니다. 무조건 하실 수 있습니다. 저랑 같이 힘내서 열심히 운동해봐요."

"네, 알겠어요. 그러면 저 운동이랑 식단도 다시 짜주시고 날짜도 설정 좀 해주세요. 한번 열심히 해서 사람들한테 보여주고 싶어요."

"네, 알겠습니다. 파이팅입니다."

내성적이었던 회원님은 결국 우울증과 낮은 자존감으로 위축되어 있었고, 운동을 하면서 점점 변해가는 자신의 모습을 보고 주위 사람들의 칭찬을 들으면서 삶이 정반대로 뒤바뀌게 되었다. 그렇게 변해가는 자신을 보니 좀더 높은 목표를 향해 보디 프로필을 준비하게 되었다.

그렇게 회원님의 본격적인 바디프로필 준비를 시작한 3개월뒤 회원님은 멋지게 보디 프로필을 성공을 했다. 그렇게 회원님의 삶은 부정적인 삶에서 긍정적인 삶으로 변화하게 되었다. 보디 프로필뿐만이 아닌 계속 유지어터를 하기 위해 현재도 꾸준히 운동을 하고 있다. 회원님이 나에게 감사함을 표현해주시고 나 또한 잘 따라와준 회원님에게 감사하다.

유지하는 삶을 살면서 어느 날 회원님이 나에게 말했다.

"관장님, 저 지인 분이 소개팅 시켜준다고 하네요."

"제가 운동하는 모습을 보고 멋있다고 생각하셔서 저를 소개해 달라고 했데요."

"아, 진짜요. 한번 만나보세요. 예전에 재혼 생각도 있다고 하셨 잖아요."

"네, 맞아요. 그래서 한번 만나보려고 해요. 예전 같았으면 생각도 해보지 않았을 텐데 몸이 바뀌면서 자신감이 생기니 뭐든 해도 할 수 있을 거 같아요."

"맞습니다. 회원님. 그런 회원님 모습을 보니 정말 기분이 좋습니다."

그렇게 회원님은 소개팅을 나가게 되었다. 1년 뒤 회원님에게 문자가 왔다.

"관장님, 저희 합치기로 했어요. 결혼식은 하지 않지만 그 사람이 저희 집으로 들어와 같이 합쳐서 지내기로 했어요. 저 요새 너무 행복해요. 다 관장님 덕분입니다."

"아, 아닙니다. 회원님이 열심히 하셨고 회원님이 그렇게 운동하고 생각하셨기에 바뀐 거지 제가 한 건 정말 거의 없습니다. 아무튼 재혼 축하드립니다."

"네, 정말 감사드려요. 앞으로도 꾸준하게 운동하고 좋은 에너지 가지도록 노력하겠습니다."

"네, 알겠습니다. 감사합니다."

그렇게 회원님은 운동으로 건강, 정신, 마인드, 가정 모든 걸 이루어냈다. 누가 보면 운동을 왜 해냐고 묻기도 했다. PT가 너무 비싼 거 아니냐고 묻는 사람도 있다. 무엇보다도 본인 의지가 있어야 되는 거 아니냐고 반문하기도 한다. 맞다. 하지만 옆에 누군가 나만을 위해서 응원해주고 나를 생각해주고 나만을 바라봐준다고 생각하면 그 시너지 효과란 혼자 운동을 했을 때보다 어마어마하다.

밖에서 보는 문늘이 발한다.

"트레이너는 인식이 좋지 않아. 아무나 하는 거잖아."

그런 말을 들을 때마다 정말 기분이 좋지 않다. 예를 들면 회사원 중 에서도 나쁜 짓을 해서 감옥에 갔다고 생각해 본다. 그러면 그 회사원 다니는 모든 사람은 나쁜 사람일까? 트레이너도 마찬가지다. 사람이 다 다르기 때문에 그렇게 말을 듣게 하는 트레이너도 분명 존재한다고 생각한다. 하지만 정말 회원님들의 삶에 변화를 보고 그 모습 때문에 소신을 갖고 트레이너 일을 하는 사람들도 정말 많이 있다. 트레이너는 아무나 하는 게 아닌 한 사람의 인생을 바꿔줄 수도 있는 정말 멋진 직업이다.

직원 관리의 기술

사업을 시작한다. 편안한 삶을 살고 싶다. 시간적 자유를 얻고 싶다. 하지만 현실은 쉽지 않다. 더 많은 일을 한다. 더 많은 스트레스를 받는다. 그게 소상공인의 삶이다.

모든 사람이 사업을 시작할 때 생각한다. 돈을 많이 벌 수 있겠지. 시간적 자유를 얻을 수 있겠지. 누가 나에게 뭐라고 할 수 있는 사람이 없다. 내가 시간을 조절할 수 있다. 하지만 마음처럼 쉽게 되지 않는다.

사업을 하면서 책임감이 늘어난다. 가게가 망하게 하지 않기 위해선 더 큰 노력을 해야만 한다. 내가 열심히 하지 않으면 매출로 결과가 나온다. 보이는 돈이 아니기에 열심히 할 수밖에 없다. 직원

생활했을 땐 아무리 내가 일을 안 하더라도 적자가 나는 일은 없다. 사업은 적자가 난다. 그렇기에 매출 스트레스를 받을 수밖에 없다. 스트레스가 하나 더 늘어났다.

직원 관리가 힘들다고 한다. 내 마음 같지 않다. 모든 사람은 다르다. 나와 똑같은 사람을 찾을 순 없다. 직원을 탓해본다. 왜 저렇게밖에 못하지. 왜 저렇게 효율성 있게 일을 하지 못하지. 내 맘은 갖지 않는다. 초보 사장은 모른다. 경험이 없다. 내가 진두지휘를 잘 못해서 못 따라온다는 생각은 안 한다. 사장이 능력이 높으면 직원 또한 능력이 높아진다. 끼리끼리라는 말이 있다. 사업도 똑같다. 좋은 직원. 없다. 사장이 능력이 높으면 직원 또한 상향 평준화가 된다.

맨날 탓하기 전에 내가 발전해야 했던 거다. 그걸 너무 늦게 깨달았다. 실패도 해보고 실패를 통해 지금 무엇을 하고, 무엇을 하지 말아야 할지를 정확히 배운다고 한다. 시간이 지나면서 그걸 배웠다. 4년이란 시간이 걸렸다.

직원 관리하면서 가장 힘든 게 뭘까. 마음을 얻는 일이 가장 힘들다. 곁에서 도와주는 사람이 많은 사람. 쓰러지기를 바라지 않는 사람. 사람들의 마음을 가장 많이 가진 사람이 가장 강한 사람이라고 한다. 마음만 얻을 수 있다면 사업을 하면서 못 할 게 있을까. 그런 사람을 만드는 일이 가장 어렵다. 그 마음을 얻기 위해 나는 노력을 한다.

　사업을 하면서 직원 10명 기준을 이야기한다. 10명이 넘어가면 개개인 관리가 안 된다고 한다. 시스템이 필요하다. 10명 미만은 개개인 관리가 된다고 한다. 그 직원 숫자 10명 기준이 장사와 사업의 기준이라고 생각한다. 나는 10인 미만의 사업을 하고 있다. 아니 장사를 하고 있다. 그래서 나는 현재 수업도 하고 있다. 내가 들어가서 일을 하고 있다. 나는 아직 역행자를 꿈꿀 수 없다. 내가 없어도 수익 구조를 만들 수가 없다. 아직은 레벨이 되진 못하다.

　나도 역행자를 꿈꾸고 있다. 그러기에 성장을 해야 한다. 성장을 위해 노력한다. 사업을 시작하면 나도 바로 역행자가 될 줄만 알았다. 하지만 그건 극소수이다. 소규모 매장을 본다. 사장님들이 출근하는 모습이 많이 보인다. 출근을 안 하는 사장님은 극소수다. 대기업 중소기업보단 소상공인이 훨씬 많다.

　사업을 시작할 땐 그런 모습들이 보이지 않았다. 시작해 보니 알게 된다. 근무할 직원이 없으면 내가 직접 일을 해야 한다. 망하지 않아야 한다. 내가 움직여야 한다. 법정 근로시간 하루 9시간이다. 사장은 그런 게 없다. 출근해서일. 퇴근을 해서도 일이다.

　오전 6시 출근을 한다. 수업한다. 청소한다. 홍보한다. 상담한다. 직원 관리 면담을 한다 ??시 퇴근을 한다 샤워하다 잡생각을 하다. 블로그를 한다. 잔다. 일어나면 자는 시간 빼고는 다 근무하는 시간이다. 나는 잘 모르겠다. 이상하게 일을 못 놓겠다. 이게 사장의 숙명인 걸까. 나보다 일을 많이 안 하는 대표도 보았다. 나보다 일을 더 많이 하는 대표도 보았다. 정답이 없다. 살아남기 위해 내 환경에 맞춰 일을 한다. 내가 판단해서 일을 하는 게 대표의 삶인 것 같다.

생각을 전환해 본다. 몸빵을 하면 어떠냐. 내가 선택한 일이다. 누구를 탓할 것도 없다. 그래서 지금은 일을 한다기보다는 나의 일상을 보낸다고 생각한다. 시간에 대해 인식하지 않고 즐긴다. 나는 현재 그렇게 일을 즐기고 있다. 그러니 우울하지 않다. 정신적 충격이 오지 않는다. 그냥 일하는 자체가 즐겁다. 돈을 버는 자체가 즐겁다. 일을 할 수 있다는 것에 행복을 느낀다.

몸빵을 한다고 불행하지 않다. 이런 노력이 하나하나 쌓이다 보면 나도 언젠간 10인 이상의 사업체를 운영하는 대표가 될 것이다. 나도 역행자가 언젠간 될 수 있다. 모든 과정에는 단계가 있다. 그 단계를 나는 하나하나 걷고 있다. 속도가 빠르게 올라가는 친구들도 본다. 처음에는 부러웠다. 하지만 지금 나에게 집중한다.

그런 친구들이 나에게 말한다. 언제까지 수업할 거냐고. 너나 잘해라. 나는 내 갈 길을 갈 거다. 당신이 나를 먹여 살려주는 건 아니지 않은가. 나는 천천히 내 속도와 환경에 맞춰 올라갈 것이다. 그래야 쉽게 무너지지 않을 거라고 나는 생각한다. 몸빵과 역행자 사업을 하면서 두 가지의 갈림길에 서 있다. 많은 사람이 역행자의 꿈을 꾼다. 하지만 현실을 쉽지 않다. 도전해 보아야 한다. 실패도 해보아야 한다. 그러면서 나에게 살이 하나하나 생길 것이다. 나는 그걸 느끼고 있다.

남들이 뭐라 하던 눈치 보지 말자. 내 스텝으로 가면 된다. 빠르면 빠른 대로. 느리면 느린 대로. 나는 생각한다. 끝까지 살아남는 자가 가장 대단하다. 나는 끝까지 살아남아 역행자가 되겠다. 그날을 기대하며 오늘도 성장해 본다.

운동이 만들어내는 삶의 변화

수업 중 어느 날 회원님이 나에게 말한다.

"남편과 이혼하고 싶어요."

나는 당황한다. 이 상황을 어떻게 대처해야 할까? 나는 생각한다.

그날따라 회원님의 분위기가 이상하다. 뭔가 기분이 좋지 않은 것 같다. 나는 물어본다.

"회원님, 오늘 기분이 별로인 거 같아요. 컨디션이 좋지 않으세요?"

회원님이 말한다.

"네, 맞아요. 남편과 싸웠거든요. 요새 계속 늦게까지 술만 먹고 들어오고 정말 지긋지긋해서 이혼하고 싶어요."

잠시 당황한다. 몸의 컨디션이 안 좋은 줄 알았는데 방향이 다른 곳에 있었다. 이걸 내가 동요해 주면 부정적인 인식이 계속 생겨 더 안 좋은 상황으로 갈 수 있지 않을까 나는 생각한다. 그렇게 나는 일단 아무 말 없이 회원님의 말을 계속 들어준다.

"아, 정말 힘드시겠네요. 술을 왜 이렇게 마시냐고 혹시 물어보셨어요?

"네, 일하고 나서 할 게 없다고 해요. 남편 때문에 정말 화가 나요. 너무 짜증나서 눈물이 나올 것 같아요."

"그러면 같이 나와서 운동해 보시는 건 어떨까요? 매일 같이는 아니어도 한 주에 2번이라도 나오면서 조금씩 습관을 바꾼다면 그 부분도 좋아질 수 있을 거예요. 그리고 남자들은 술 먹는 게 일의 연장선인 부분도 있어서 술을 또 아예 안 먹을 수도 없더라고요."

"그런 부분도 맞긴 하지만 너무 매일 술을 먹으려고 해요. 젊었을 때는 날씬하고 잘생겼는데. 지금은 배만 나오고 정말 보기 싫어요. 맨날 늦게 들어와서 귀찮게 괴롭히니 간 너무 짜증이 나요."

"그러면 회원님 일단 1번이라도 운동을 같이 나와 보세요. 일단 한번 나와서 이용해 보시고 계속하실 수 있다고 하면 그때 등록해 주셔도 되니깐 일단 같이 한번 나와 보세요."

"한번 같이 운동 좀 가달라고 소원이라고 하면 그래도 미치 못해 나와 주지 않으실까요?"

그렇게 이야기를 마치고 다음 날 회원님과 남편 분은 같이 운동을 나오게 되었다. 나는 남편 분에게 운동에 대하여 안내를 해드린다.

"처음 시작이 힘들지 일단 나오신 거면 반절은 성공하신 겁니다. 일단 일주일에 1번 또는 2번 정도 나와 보세요. 그렇게 적응이 되면 2번~3번 그렇게도 해서 한 달 정도 지나면 좋아지실 거예요."

그렇게 운동을 진행하면서 남편 분은 적은 노력을 실천하기 위해 시작한다. 그러다가 조금씩 적응이 된 후 회원님과 같이 2:1 PT를 받기 시작하였다. 그런 모습이 회원님은 기분이 좋아지셨던 것 같다. 오랜만에 운동하는 남편의 몸치 있는 모습을 보면 즐겁게 웃으신다. 매일 같이 술을 먹던 습관의 자리가 운동으로 바뀌고 같이 있는 시간이 많이 지니 사이가 점점 돈독해지는 모습이 보인다.

어느 날 회원님이 나에게 말한다.

"관장님, 요새 남편이 달라졌어요. 지금은 저보다 더 운동하러 가자고 말해요. 술을 안 먹고 운동을 하니 정신건강부터 체력까지 모든 게 좋아지는 게 느껴져서 너무 좋다고 하네요. 뱃살도 많이 들어가서 젊음을 되찾은 것 같다고 해요. 그렇게 처음 관장님이 배려해 주셔서 남편이 운동을 시작할 수 있었어요. 정말 감사해요. 아마 남편이 운동하지 않았더라면 정말 매일 싸우고 술 먹는 나날들만 보았을 거예요. 그 생활이 5년 정도를 보냈거든요. 정말 화가 목구멍까지 치밀어 올라서 진지하게 이혼까지도 생각했었어요. 지금은 사이가 너무 좋아졌어요. 부부관계도 좋아지고 같이 있는 시간이 많아지니 대화도 많이 하게 되고 운동을 통해서 저희 부부의 삶이 바뀌어서 너무 좋아요."

"사이가 좋아지셨다니 정말 저로선 기쁘네요. 제가 운동을 가르치는 직업이지만 그 외적인 것도 복합적으로 해결해 드릴 수 있는 게 운동이거든요. 그래도 제가 제시한 해결 방법이 회원님들의 삶에 좋아지셨다니 정말 뿌듯하고 좋네요. 앞으로도 꾸준히 운동하시면 될 거 같아요."

이런 듯 운동은 건강뿐만이 아닌 한 사람 한 가정의 삶까지 바꿀 수 있는 중요한 분야이다. 일을 마치고 시간이 남으면 그만큼 먹는 시간 또한 많아진다. 술 먹는 시간 또한 많아진다. 이렇게 생각해 보면 운동은 정말 다양한 요소에서 영향력을 발휘한다. 사람마다 운동하는 계기는 모두 다르다. 그중에 특별한 이유가 있는 회원님들 또한 존재한다. 속에 있는 깊은 이야기까진 할 수 없지만 수업을 진행하다 보면 그런 이야기들을 종종 듣는 경우가 있다. 과연 트레이너는 운동만 가르쳐주는 직업일까? 나는 심리상담적인 부분 또한 해결해 드리는 게 트레이너가 해야 하는 일이라고 생각한다. 그런 복합적인 것들이 반영되어 회원님들의 삶이 많이 변화된다.

그렇게 이혼 위기의 회원님들은 운동을 통해 건강한 삶과 부부 관계의 좋은 시너지를 내고 있다. 회원님들의 행복한 삶을 보니 너무 보람된 날들을 보낸다.

요요 없는 건강한 다이어트

19살 여학생이 운동하기 위해 상담을 받으러 왔다. 여학생은 배우가 꿈이다. 배우를 하기 위해선 화면에 나와야 하고 화면에 나오기 위해선 이쁘고 날씬해야 한다고 한다. 다소 통통한 체격을 가지고 있던 여학생은 그런 고민을 나에게 말해준다. 그렇게 상담을 진행해 본다.

"회원님, 운동 기간과 금액은 어느 정도 알고 있으실까요?"

"아니요. 운동이 처음이라서 잘 모르겠어요. PT가 다이어트하기에 좋다고 해서 왔습니다."

"네, 그전에 운동해 보신 경험은 있을까요?"

"아니요. 운동은 태어나서 한 번도 해보지 않았고, 식단만 했는데. 굶어서만 다이어트를 해봐서 뺐다 찌기를 반복하고 있어요. 그래서 속이 아주 좋지 못해요. 그런 생활을 많이 했었거든요."

"네, 식단은 먹는 양을 줄인다기 보다는 먹는 것에 대한 성분을 바꾸는 작업을 해주셔야 합니다. 그래야 요요 없이 빼신 살을 유지할 수 있습니다."

"네, 알겠습니다."

"결제는 부모님이 해주실까요?"

"아니요. 제가 아르바이트해서 내야 해요."

"아, 네."

다른 업장은 어떻게 할진 모르겠다. 나 같은 경우 학생들이 오면 왠지 더 잘해줘야겠고 사회생활을 안 하는 친구들이 얼마나 그런 고민을 많이 했으면 운동을 하러 왔겠느냐는 생각을 해본다. 사회생활을 하는 성인의 100만 원과 학업을 하는 학생의 100만 원은 그 차이가 어마어마할 것이다. '부모님이 내주진 않으시니?' 라는 말을 하지 않는다. 혹시라도 그 아이의 아픔이 있을 수 있기에 그 부분은 너무 조심스러운 부분이라 그런 것들을 생각하면서 나는 상담을 한다.

그래서 나는 학생 자체 친구들이 오면 따로 학생 할인을 해주고 있다. 더군다나 학교에 다니면서 아르바이트해야 PT를 받을 수 있다고 한다. 여학생이 한 달 학업을 마치고 한 달을 꼬박 아르바이트해야 PT 비용을 낼 수 있는 금액이다. 나는 내가 최대한 해줄 수 있는 범위의 할인과 서비스를 제공한다.

그런 친구들의 수업은 마음가짐이 더 다르다. 인생을 살아가면서 첫인사와 끝인사가 정말 중요하다고 한다. 보통 학생들이 운동하게 되면 대부분 첫 PT 선생님이 확률이 높다. 그 친구들이 성인이 되어 건강한 식단과 건강한 운동법을 읽혀 나가 자기만의 자산이 되길 바라본다.

어느 날 학생 친구에게 물어본다.

"식단을 왜 그렇게 극단적으로 했던 거야?"

"빨리 빠지는 것도 있고요. 연극을 준비하면서 남들에게 잘 보여야 하니깐요."

"제가 좀 충격적인 소리를 들은 적도 있었어요. 제는 배우인데 왜 저렇게 뚱뚱해? 그 말이 너무 상처가 되더라고요. 그래서 살 빼야지. 다이어트를 해야지 생각했어요."

한편으로 마음을 편하지 않았다. 사람마다 판단하는 기준은 모두 다르다. 내가 보는 관점에선 절대 뚱뚱하고 그러진 않았다. 우리나라 여자 아이돌 기준의 몸을 보면 모두 느낄 거라고 생각한다. 여성분들의 날씬한 기준은 여자 아이돌의 기준이 되어 있다. 방송에 나오려면 어쩔 수 없는 건 알고 있지만 한편으로는 너무 가혹하다.

어떤 연예인의 식단을 본 적이 있다. 아침 바나나 1개 점심 닭가슴살 1개 서녁 방울토마토 5개, 오이 2/1 500 칼로리도 안 먹는 식단이다. 그렇게 미디어에 노출되니 당연히 연예인을 꿈꾸고 있는 지망생 친구들에겐 굶어서 군살을 빼는 식단이 기준이 되어버린 것 같다. 그렇게 난 평생 이 친구가 건강한 식단과 운동을 알려주어야 했다. 갑작스럽게 급하게 빼는 살이 아닌 꾸준하게 유지할 수 있는 방법을 알려주고 싶다.

많은 일반인들이 음식을 안 먹어야 뺄 수 있다고 생각들을 많이 한다. 절대 그렇지 않다. 평생을 안 먹을 수도 없고 오히려 안 먹다가 터져서 폭식하게 되고 그런 과정들이 반복되어 간다면 대사량 자체가 낮아졌다가 높아졌다가 반복한다. 폭식할 때의 지방으로 변질될 확률이 급하게 높아진다.

그 여학생 친구는 그런 과정들을 계속 반복해 왔기에 근육량은 잃어갔으며 체지방만 더 늘리는 악순환을 반복하고 있었다. 그런 고정관념부터 바꿔 주어야만 했다. 양질의 깨끗한 음식을 나누어 먹는다면 절대 살이 찌지 않는다. 3~4시간 단위로 탄 4:4:2로 배합하여 하루 4~5끼 먹어주면 꾸준하게 식단을 할 수 있다. 보디빌딩 하는 친구들처럼 몸을 극단으로 만드는 경우가 아니라고 하면 고구마랑 닭가슴살만 먹지 않아도 충분하게 다이어트에 성공할 수 있다.

아침에는 간단한 시리얼 중간에 단백질 음료 점심은 일반식 중간에 커피 저녁에는 닭가슴살 볶음밥. 기타 등등 요새는 단백질 사이트들이 아주 잘 나와 있어서. 퍽퍽한 닭가슴살을 먹으면서 안 해도 된다. 닭가슴살을 가공한 식품들이 시중에 많이 나와 있기에 그 중에서 맛있어 보이는 제품을 선택해서 먹으면 된다. 일반 인스턴트 파는 것과 별반 차이가 나지 않는다. 그렇게 나는 여학생에게 굶으면 안 된다고 안내한다. 그러나 여학생은 나를 의심한다.

"관장님, 이렇게 먹는데 살이 빠진다고요?"

"충분하게 살을 뺄 수 있으니깐 한번 해봐. 그리고 먹는 거로 몸무게를 뺄 생각보단 운동을 한 번 더 해서 몸에 근육을 만들면 라인도 더 좋아질 거야."

"네, 알겠어요."

그렇게 1달, 2달 운동을 하면서 10kg 감량을 하게 되었다.

시간이 지나 이제 고등학교 졸업을 하고 대학교에 가기 위해 서울로 상경을 한다고 한다.

"관장님, 그동안 감사했습니다. 저 원하는 몸무게까지 빼주셔서 감사합니다."

"그래요. 그동안 고생했어요. 절대 굶지 말고 운동의 끈만 놓지 않는다면 몸무게가 쉽게 늘지 않아요. 꼭 항상 패턴 유지 잘해주고 혹시나 가서 궁금한 거 있거나 물어볼 거 있으면 언제든지 연락해 쉬요."

"네, 알겠습니다."

"다시 한 번 강조하지만 간혹 무너질 수 있지만 기본 큰 틀만 흐트러지지만 않으면 괜찮으니까 꾸준하게 하는 게 무엇보다 중요해요. 그리고 운동도 아직은 혼자 하기 적응이 잘되진 않겠지만 선생님이랑 다이어트하게 했을 때만큼은 아니어도. 주에 2번~3번은 꼭 해야 해요."

"운동하는 걸 좋아하지 않는 사람들은 한번 놓기 시작하면 계속 놓게 되어서 그러면서 다시 요요가 와요. 힘들게 맨살 꼭 유지 잘해야 하니깐 끈만 놓지 마세요. 식단이건 운동이건 꾸준함이 정답입니다. 제일 어려운 다이어트긴 하지만 본인의 꿈을 위해서 긍정의 노력은 해야 해요. 알겠죠?"

"네, 알겠어요."

"네. 꼭 저 방송에 나올게요. 그리고 선생님 잊지 않겠습니다."

나는 또 이렇게 보람을 느끼면서 트레이너라는 삶을 살아가고 있다.

운동에 흥미를 유도하는 방법

한 회원님이 운동이 재미없다고 한다. 운동이 재미가 없어서 혼자는 절대 안 할 것 같다. PT 수업을 받는다고 한다. 그렇게 강제로 수업을 듣는 분들을 종종 보고 있다. 그중 한 회원님을 소개하려고 한다. 다이어트를 하고 싶다고 한다. 말한 것처럼 운동을 너무 재미없다고 하신다. 그래도 빼고 싶은 몸무게가 있기에 운동을 해보려고 한다.

"저 현재 155에 45kg 인데 40kg까지 빼고싶어요."

평생을 38kg으로 살다가 살이 찌면서 몸이 너무 무겁다고 하신다. 체성분을 측정한다. 체지방률이 20% 초반이 나온다. 정상 체지방률 안에 들어와 있지만 회원님이 느끼는 체감은 무겁다고 한다.

누가 보면 욕할 수도 있는 부분이다. 하지만 평생을 38kg으로 사셨던 삶이 있기에 이 분한테 1kg으로는 다른 분들의 3kg 같은 느낌일 수 있다. 회원님의 건강이 걱정이 된다. 누가 봐도 마른 편인데 더 빼기를 원하신다. 아무리 회원님의 니즈가 그렇다고 하더라고 건강하지 않은 체중을 만들어 드리는 건 바람직하지 않다고 생각했다. 나는 말을 한다.

"회원님, 체중이 예전보다 많이 나가는 게 있긴 하나 체중과 체지방률이 지금도 높으신 편은 아닙니다. 지금보다 체중을 더 떨어트리면 컨디션이 더 안 좋아질 수 있습니다. 몸무게를 빼다기보다는 식사를 잘 챙겨 드시고 운동을 하여 근육을 늘리는 쪽을 추천해드립니다. 몸무게는 크게 신경 쓰지 않으셔도 됩니다. 현재 몸무게 상태에서 근육량이 붙으면 지금보다 라인들이 아주 좋아지고 체력도 아주 좋아지실 겁니다."

나는 그렇게 권유를 해본다.

"아니요. 저는 근육량 필요 없어요. 저는 몸무게 수치를 어떻게든 만들고 싶어요. 앞자리를 3으로 만들고 싶어요."

"건강에 안 좋으실 수도 있습니다. 그래도 괜찮으시겠어요?"

"네, 괜찮아요."

회원님은 무조건 앞자리를 바꾸고 싶다고 말을 한다. 일단 알겠다고 하고 운동을 진행한다. 운동을 안 하시면 지금보다 건강 상태가 더 나빠질 거니 운동을 진행하면서 천천히 조금씩 바꿔나가 보자고 생각한다. 그렇게 운동을 진행하면서 회원님에게 이야기를 한다.

"회원님, 앞자리를 바꾸고 싶은 특별한 이유가 있나요?"

예전에 입었던 옷을 입고 싶다는 것이었다. 옷 사이로 삐져나오는 살이 보기 싫다고 하신다.

"그 부분은 근육량이 붙으면 저절로 바뀌실 거예요. 저번에도 말씀드렸지만 같은 몸무게여도 근육량과 체지방률에 따라 차이가 있거든요. 단백질 식사를 끼니마다 잘 챙겨 드시고 굶는다기 보단 영양성분들을 골고루 섭취하면 지금보다 옷태가 아주 좋아지실 거예요. 굶으면서 하면 오히려 운동할 때 힘도 쓸 수 없고 근육량도 식사하셨을 때에 비하면 느는 속도가 느려질 겁니다."

지속적인 이야기를 해드렸고 회원님 일단은 알겠다고 하신다. 한번 믿어 보겠다고 하다가 살이 찌는 느낌이 있으면 바로 멈추겠다고 하신다. 그렇게 하루에 1끼만 먹던 회원님은 3끼를 드시기 시작하셨고 워낙 전에도 적게 드셨다. 조금씩 식사량을 늘려 드렸고 단백질을 끼니마다 조금씩 섭취하기 시작하신다. 그렇게 힘든 한 달이 지나간다.

처음에는 스쿼트 10개도 못하던 체력이 지금은 중량을 달고 20개는 거뜬하게 하신다. 음식을 섭취한다는 게 이렇게 한 일인가 기금 아셨다고 한다. 그전에는 몸무게에 대한 압박이 너무 강하셔서 일부러 식사를 안 했다고 한다. 식사를 제대로 못하셨으니 항상 기력이 없고 무기력한 나날들을 보낸다고 한다. 기분도 많이 쳐진 삶을 살아오셨다고 한다. 하지만 지금은 그렇지 않다. 먹어도 살이 찌는 느낌이 없다고 한다. 잘 먹고 열심히 운동하니 그만큼 소화도 되고 근육도 예전에 비해선 많이 붙어 있으시다. 몸의 탄력감이 다르다. 제일 중요한 한 가지가 생겼다. 예전 30kg 후반에 입었던 옷이 현재 몸무게에도 맞는다는 것이다.

그렇게 평생 운동이 재미없어서 운동을 안 해보셨던 회원님은 강제로 운동을 시작하였고 평생을 몸무게로 인하여 먹는 것에 대한 압박감이 있어 매일 1끼를 드셨던 분이다. 지금은 3끼를 다 챙겨 드신다. 가끔 주말에는 인스턴트도 드신다고 한다. 운동을 꾸준하게 하는 삶으로 바뀌셨기에 이제는 어떤 음식을 먹어도 몸무게가 항상 그대로 유지이다. 40대의 나이에 체성분 연령 나이는 20초반의 나이대가 나온다. 그만큼 건강한 삶을 살고 있다.

보통 여성분들의 로망으로 여겨지는 몸무게가 있다. 앞자리 4다. 몸무게 수치도 중요한 건 맞지만 그보다 더 중요한 건 근육량과 체지방률이다. 아무리 몸무게가 적게 나간다고 해서 먹고 싶은 음식을 못 먹어가며 평생을 산다고 하면 그게 과연 행복한 삶일까? 건강한 삶일까? 굶어서 빼는 몸무게는 한계가 있다. 건강한 식단을 하고 단기간의 운동이 아닌 꾸준한 운동을 통하여 건강한 삶을 얻어 갔으면 하는 마음이다. 그렇게 평생을 운동이 재미가 없어서 하기 싫었던 회원님은 현재 먹고 싶은 거 드시면서 꾸준한 운동을 즐기며 삶을 살아가고 있다.

보통 처음에 운동을 하는 걸 많이들 꺼린다. 꺼리시다가도 운동에 매력을 느끼시는 분들이 있다. 그런 분들은 삶이 180도로 달라진다. 일단 운동을 시작해 보길 권한다. 그중에 꾸준하게 하시는 분들이 있다. 하지만 꾸준하게 못하는 분들 또한 존재한다. 그래도 시작이 성공의 반이라고 한다.

운동을 해서 결코 손해 볼 건 없다. 확실한 건 있다. 몸무게가 변화가 안 될지 연정 기초체력은 무조건 좋아진다. 삶을 살아가면서 무수히 많은 질환을 예방할 수 있다. 단지 눈에 보이지 않을 뿐 운동을 해서 안 좋은 점은 없다. 지금 당장 운동을 하러 나가길 권해 본다.

청소년 회원 관리 방법

한 회원님이 아드님을 데리고 왔다.

"관장님, 우리 아들이 허리가 계속 많이 아프다고 해요."

요샌 10대들 또한 근골격계 통증으로 인한 사례들을 많이 듣고 있다. 스마트폰의 역사는 2007년도 스티브 잡스의 아이폰이 혁신을 불러일으키게 되었다. 그 후 내가 군대를 막 전역한 이후로 2010년부터는 많이 활성화가 되었던 걸로 기억한다. 스마트폰의 보급이 처음 시작했던 시기를 고려하면 23년 기준 16년이라는 시간이 지났다. 그로 인하여 현재 초중고 학생들은 대부분이 스마트폰을 가지고 다닌다. 그로 인한 자세 불균형 어깨 말림 증상 스마트폰으로 인한 활동량 저하 교육 학습의 과다 출혈 사태까지 정보가 넘쳐나는 세상이 되었지만 건강상 문제가 많이 발생할 수밖에 없는 게 요즘의 시대이다.

비전문가가 보아도 정말 과할 정도로 심한 친구들도 송출하고 있다. 어린 친구들이 말하기 전까진 부모님들은 알 수가 없다. 그냥 어쩔 수 없다는 생각으로 당연하게 생각하는 부분도 있는 것 같다. 그러다 정말 자식들이 아프다고 한다. 몸에 대한 인지 자체가 없는 아이들이 아프다고 하면 그 정도는 얼마나 심각할까? 그런 모습들을 보면서 정말 공부가 인생의 전부일 거라는 생각도 하게 된다. 몸이 아프지 않아야 공부도 열심히 할 수 있는데, 몸에 대하여 인지도가 없는 아이들이 아프다고 하면 얼마나 아팠을까? 하는 생각이 들었다.

그렇게 회원님 아들의 체형 평가를 진행했다. 누가 보아도 어깨의 높낮이는 불균형 어깨 말린 증상 그로 인한 목 통증, 허리 통증을 자주 호소하였다고 했다. 아침부터 저녁까지 공부에 매진하였고 쉴 때는 유튜브를 신청하였으며 하루 종일 대부분이 앉아서 지낸 생활을 보내고 있었다. 자는 시간 빼곤 대부분을 구부정한 상태로 있었으니 안 아플 거야 안아 풀 수 없는 생활의 패턴이었다.

그래도 그나마 다행인건 어린 학생 친구들은 유연성이나 아직은 몸이 완전하게 다 자리 잡힌 상태가 아니어서 성인의 기준보다는 좀 더 빠르게 자리를 잡아 갈 수 있다. 아이들 몸의 구조는 부모님의 영향이 정말 크다. 잔소리로 들을 수 있으나 우리 아이의 면 미래를 위해서라도 자세에 대해 계속 말해주어야 한다. 또한 공부만 가르치는 게 아닌 체육 하나 정도는 꼭 권장하고 싶다. 어렸을 적 운동을 한 아이와 안 한 아이의 차이는 근육뿐만 아니라 아닌 몸의 형태 정신 건강에도 많은 차이가 발생했다.

간혹 아이들과 헬스장에 오시는 부모님들이 말한다.

"수업은 안 받고 헬스만 해도 괜찮을까요? 처음에는 등록하면 알려주실 수 있으시죠?"

"처음에 등록해서 안내해 드리는 건 어려운 일이 아닙니다. 하지만 트레이너 선생님들 또한 개인 스케줄이 있기에 매번 옆에 붙어서 지도해드린다는 건 한계점이 분명 존재합니다."

이렇게 생각해 보면 어떨까? 아이들은 보통 유치원에서 기초를 배우고 초등학교에 간다. 성인처럼 인지 능력이 높지 않은 상태에서 자발적으로 운동하기란 거의 불가능하다. 당연히 운동을 안 하는 것보다는 하는 게 무조건 낫다. 통증 있는 아이들은 걷기만으로 몸을 교정할 수 없다.

그래서 나는 헬스장에 오는 몸에 통증이 있는 청소년들의 경우 헬스를 추천하지 않는다. 다른 운동을 하라고 말씀을 드리고 있다. 통증이 정말 심하면 수업을 받으라고 권장해 드리고 있다.

우리 아이의 통증이 오기 전에 예방 차원에서 뭐든 시켜야 하지 않을까? 제가 헬스를 한다고 해서 헬스하고 PT를 받으라는 말은 절대 아니다. 우리 아이의 통증이 오기 전에 어떤 운동이든 예방 차원에서 운동 하나씩은 꼭 했으면 좋겠다. 초등학교 다니기 전 운동 하나는 꼭 하는 걸 추천한다. 운동을 하루에 1시간 한다고 생각하면 구부정한 자세에서 1시간을 피는 자세로 있다고 생각하면 수월할 것이다.

매번 허리 펴서 자세 바르게 하란 말을 하기보다 어떤 운동이든 우리 아이들의 건강을 위해 공부를 조금 놓더라도 1개. 딱 1개만 운동해 줬으면 하는 바람이다. 분명 개인적으로 청소년 친구들이 운동하는 건 한계가 있다. 꼭 선생님의 지도를 받는 운동을 추천한다. 태권도, 수영 등 체형이 틀어지기 전에 예방 차원에서 꼭 하나를 배우도록 하면 좋을 듯하다.

체형이 틀어지고 통증을 호소한 순간 비용은 더 많이 들 것이고 시간 또한 투자를 많이 해야 한다. 병원에 치료받아야 한다. 치료를 받고 교정 운동을 해야 한다. 그땐 개인 1:1 PT 개인지도, 필라테스 등 그 학생만을 위한 프로그램들을 진행해야 한다. 그 부분을 예방하기 위해선 통증을 호소하기 전 꼭 단체로 하는 운동을 시키면 예방을 할 수 있다.

그렇게 통증을 호소하는 친구는 근막 스트레칭을 해준다. 안정화 운동 및 코어 운동 진행한다. 그리고 근력운동을 통해 그 친구의 통증을 완화시켜준다. 어린 친구들의 몸 상태는 부모님의 영향이 정말 중요하다. 예방 차원에서 운동을 시켜줄 것이냐. 아니면 통증을 가진 상태에서 운동을 시켜줄 것이냐는 부모님의 결정이 정말 중요하다.

공부도 중요하다. 하지만 그보단 중요한 건 건강이라고 생각한다. 트레이너는 정말 가치 있는 일을 하는 직업이다.

건강한 삶을 위해서 운동은 꼭 필요하다

과연 트레이너는 운동만 가르쳐주는 사람일까? 나는 아니라고 생각한다. 운동을 통해서 자존감을 높여준다. 결혼을 시켜준다. 건강한 정신을 만들어준다. 심적 스트레스를 풀어준다. 가족이 되어준다. 말 못 할 고민을 들어준다. 트레이너는 심리적으로도 도움을 준다. 나는 트레이너는 또 다른 의미의 심리치료사라고 생각한다.

트레이너 일을 하면서 많은 유형의 사람들을 만난다. 10대~70대에서부터 학생, 직장인, 주부, 사업가 등등 정말 많은 유형의 사람들을 만났다. 개인마다 사연 또한 모두 다르다. 다이어트 등등 수많은 목표들이 존재한다.

개개인의 성격, 목표, 직업, 나이, 모두 다다르기에 똑같이 수업을 진행할 수 없다. 그 사람의 정신적인 부분까지 고려하며 수업을 진행하여야 한다. 어떤 누구는 힘든걸 좋아하는 사람이 있고 어떤 누구는 힘들게 하지 않는 사람 또한 존재한다. 무조건 운동을 힘들게 시킨다고 좋은 것은 아니다. 그 사람이 어떻게 꾸준히 운동할 수 있게 만들어주느냐가 중요하다고 생각한다.

건강한 삶을 살기 위해선 운동이 꼭 필요하다. 몸이 불편해 지기 전에 운동은 예방 차원에서 꾸준히 진행해 주어야 한다. 이 꾸준하게 운동할 수 있게 들어주는 건 운동만을 가르쳐서는 절대 할 수 없는 일이다. 말한 것처럼 심리적인 부분까지 회원님 개개인에 맞추어 진행을 해주어야만 꾸준하게 운동할 수 있게 만들 수 있다.

흥미를 갖게 해준다든지 나와의 운동을 하면서 인생 이야기를 한다든지 위로를 할 수 있다든지 아니면 공감을 잘해주고 잘 들어준다든지 사람마다 캐치를 하여 지도하는 게 트레이너가 해야 할 일 중 하나라고 생각한다. 이렇게 많은 부분들을 신경 써야 하는데 과연 트레이너가 운동만 가르쳐주는 사람일까?

먹는 것 또한 심리적인 부분이 존재한다. 다이어트는 뇌를 속이는 작업이라고 한다. 누구나 고구마 닭가슴살만 먹으면 다이어트에 성공하는 건 누구나 아는 사실이다. 실행하기가 힘들어서 못 하는 거지 누구나 알고 있는 지식이다. 어떻게 하면 그 사람이 천천히 시도할 수 있을 까? 어떻게 하면 그 사람이 식단을 바꿀 수 있을까? 칭찬을 해주던 어떤 계기를 만들어주던 그런 심리적인 부분까지 돌봐주어야 하는 게 트레이너다.

트레이너는 복합적으로 보면 정말 많은 일들을 진행하고 있다. 이렇게 사회해 많은 영향을 끼치는 트레이너인데 외부에선 안 좋은 시선으로 우리 직업을 보는 현실이 너무 안타까울 따름이다.

사례를 하나 말해본다.

체중 감량을 목표로 헬스클럽에 등록한 회원님이 있었다. 회원님은 처음 시작할 때마다 자신에게 부정적인 생각과 자책감이 들었다. "나는 안 돼. 이렇게 힘들게 운동해도 의미가 없을 거야."라는 생각이 머리를 맴돌았다.

헬스 트레이너인 나는 회원님의 이런 마음을 잘 이해하고 지원하기 위해 노력했다. 나는 회원님에게 천천히 목표를 달성하는 중요성을 강조하고, 성공한 작은 단계들을 기록해 보라고 안내했다. 하루하루 작은 성취를 기록하면서 회원님은 자신의 노력이 실제로 변화를 가져오는 것을 목격하게 되었다.

하지만 여전히 회원님은 가끔 좌절감을 느끼고 자신을 비난하는 순간들이 있었다. 그럴 때마다 나는 회원님의 감정을 듣고 이해하는 데 시간을 쏟아주었다. "어떤 순간에도 완벽하지 않아도 돼요,"라며 나는 회원님에게 자신을 받아들이고 지속적인 노력을 이어나가는 중요성을 상기시켰다.

회원님은 시간이 흐르면서 체중이 줄어드는 것뿐만 아니라 자신감도 강해져 가는 것을 느꼈다. 지속적인 도움과 격려 덕분에 회원님은 운동을 통해 느낀 성취감과 강화된 자신감을 다른 측면에도 적용할 수 있었다. 회원님은 자신의 목표를 달성하는 데 성공하면서, 삶의 다른 영역에서도 도전에 부담 없이 맞서볼 수 있는 기술을 배웠다. 회원님의 이야기는 운동이 더 큰 의미를 가지고 있음을 보여주는 좋은 예시이다. 운동 심리적인 부분을 지원하면서 회원님들에게 긍정적인 변화를 가져다줄 수 있는 헬스트레이너의 중요한 역할을 보여준다.

생활 스포츠 지도사의 개념 및 역할에 대해 말하고자 한다. 국민들의 생활체육에 대한 관심이 급증하면서 체육 분야의 중요성은 갈수록 커지고 있다. 생활 스포츠 지도사는 건강과 체력 증진을 위해 일상적이고 자발적으로 활동에 참여하는 일반인을 대상으로 운동을 지도하는 사람을 말합니다. 직장 단체 등에서 전 국민을 대상으로 생활체육 참여자의 목적을 충족시켜 주기 위함이며 프로그램을 개발하고 수집 및 지도하는 역할과 체육시설을 관리하는 역할을 한다.

이렇듯 트레이너는 모든 국민을 대상으로 건강한 삶을 살아갈 수 있도록 지도하는 직업이다. 정말 보람을 느끼고 직업에 자부심을 느낄 수 있는 직업이다. 하지만 몇몇 불성실한 자세로 근무하는 트레이너들 때문에 불성실하게 헬스장을 운영하는 대표들 때문에 모두 다 싸잡혀서 안 좋은 소리를 듣는 이 현실이 너무 안타까울 따름이다.

이렇듯 트레이너는 운동뿐 아니라 아닌 심리적인 요소까지 해결해 주는 중요한 직업이다.

제4장
헬스학교에서 배운 것들

독서와 글쓰기로 마음 속 깊은 눈물을 쏟아내다

　사업을 하면서 많은 고민을 했다. 돈을 많이 벌고 싶다. 정답을 찾고 싶다. 나는 회원님들에게 긍정적인 영향을 주어야 하는 사람이다. 내가 부정적인 생각을 하면 회원님들에게 그 영향이 갈 수 있다. 말은 안 하지만 나의 컨디션이 얼굴에 드러난다. 그 상태에서 수업하면 회원님들에게 피해를 줄 수가 있다. 그래서 난 절대 부정적인 생각을 하지 않아야 했다. 내 안의 내면을 닫아버렸다.

　영향력 있는 사람이 되고 싶다. SNS상에는 잘난 사람들이 너무 많다. 화려한 삶을 사는 사람이 너무 많다. 돈 많이 버는 사람이 너무 많다. 그들의 행보를 눈여겨본다. 사람은 끼리끼리 논다고 하지 않는가. 돈이 돈을 부르는 자본주의사회. 어떻게든 그들의 뒤를 따라가려고 발버둥을 쳐본다. 그들이 있기에 열심히 살 수 있는 동기도 생긴다. 열등감이 생긴다. 저들도 하는데 나라고 못 할쏘냐. 어떻게든 나도 따라가 본다. 벤치마킹한다.

성공한 사람들은 대부분 독서를 즐긴다. 책을 쓴다. 나는 보통의 사업하는 사람의 수준이다. 이걸 뛰어넘고 싶다. 글쓰기를 할 줄 모른다. 그래도 일단 실천한다. 어떻게 될진 걱정하지 않는다. 나는 도전했다. 실행했다. 그렇게 꾸준히 글쓰기를 하고 있다.

내가 트레이너 시절 내가 눈여겨본 대표님이 있다. 그 분도 나와의 타이밍이 맞았는지 모르겠지만 글을 쓰고 있다고 한다. 신기했다. 같은 업종에 SNS상으로만 알고 있던 대표님이 글을 쓴다고 하는 것이다. 전자책을 쓰고 있다. 어떻게 글을 쓰는지 너무 궁금했다. 그렇게 그 분의 피드를 즐겨본다.

우연이었을까. 이상하게 그냥 말을 걸어보고 싶었다. 내가 필요한 게 있으면 사람은 거부하지 않는다고 한다. 이것도 어디 책에서 읽는 내용이다. 두들겨봐라. 당신을 찾는 사람이 당신을 그냥 매몰차게 대하진 않을 것이다. 그렇게 그분과 대화하면서 물어본다. 글을 어떻게 쓰냐고. 혹시 컨설팅도 하냐고. 때마침 상담하는 프로그램을 하고 있는 게 아닌가. 그렇게 대표분을 만났고 그 대표님은 실행하는 걸 대단히 중시하는 대표님이셨다. 실패하더라도 해봐라. 손해 볼 게 없지 않은가. 아무것도 안 하면 아무것도 변하지 않는다. 독서 모임 클래스도 운영하고 있다. 나도 나와 결이 다른 독서를 하는 사람과 만나고 싶다. 그분들의 이야기를 듣고 싶다. 사람은 모두 다르다. 생각하는 것 또한 다르다. 같은 책을 읽더라도 느끼는 감정들이 다르다.

검색을 해본다. 천안 아산에도 독서 모임이 있다. 어떻게 운영하는지 궁금하다. 보고 싶다. 듣고 싶다. 그렇게 나는 독서 모임에 참석한다. 천안 아산의 독서 모임 이름은 첫눈 독서 모임이다. 운영하시는 작가님은 기획출판을 컨설팅하시는 분이다. 기획출판을 30권 정도는 하신 것 같다. 뭔가 더 믿음이 갔다. 나이도 아버지뻘 정도 되시는 분이시다. 읽으면서 태도에 대하여 많은 이야기를 해준다.

돈도 벌고 싶다. 강의도 하고 싶다. 영향력이 있는 사람이 되고 싶다. 하지만 돈이 전부가 아닌 누군가에게 도움을 주고 싶다. 나의 경험이. 글쓰기를 하면서 가장 중요한 게 무엇일까? 나는 목차와 제목을 짜는 기간만 3개월이란 시간이 걸렸다. 그 기간 나는 어떤 사람일까? 내가 쓰고 싶은 게 뭘까? 내가 전달하고 싶은 게 뭘까를 계속 찾아다녔다.

글쓰기는 모래성을 쌓는 싸움이라고 한다. 쓰면 갈아엎고 다시 쓰고 다시 정하고 그런 과정에서 책이란 보물이 탄생한다고 한다. 책 쓰기를 하기 위해선 나의 내면을 찾아야만 했다. 내 안의 경험을 끄집어내야 한다.

나는 학창 시절 암울한 삶을 살아간다. 생각하고 싶지 않은 이야기다. 그렇게 나의 닫았던 이야기를 해 본다. 아버지의 이야기다. 아버지가 돌아가셨다. 익사하셨다. 스스로 목숨을 끊으셨다. 잠시 그 이야기를 담아본다.

큰누나에게 전화가 온다.

"동관아, 아버지 찾았다."

"정말 어디 있으신데? 왜 우는 거야?"

"응, 아버지 돌아가셨어."

나는 아무 말도 할 수 없었다. 설마 설마했던 일이 벌어지고 말았다. 내 나이 만 18세에 아버지를 하늘나라로 보내야만 했다. 아버지가 스스로 익사하셨다고 한다. 며칠을 호수에 있었는지 부패가 너무 심해서 부검해야 한다고 한다. 아버지일지 알 수 있었던 건 소지품이 있었기 때문이라고 말씀을 해주셨다. 그래도 사유를 알기 위해선 부검해야 한다고 한다. 부검하시는 분들이 말한다.

"보호자 분, 들어와서 확인해 보시겠습니까?"

누나들은 울기만 한다. 무섭다고 한다. 나는 문득 그런 생각이 든다. 아버지가 얼마나 힘드셨으면 그런 결정을 하셨을까? 모르는 사람들이 아버지를 자른다고 한다. 전 아버지를 지켜드리고 싶었다. 얼마나 무서우실까? 아버지를 분해한다는데.

"선생님, 제가 들어가겠습니다."

"동관아 괜찮겠어? 무섭지 않겠어. 힘들 거야. 안 들어가도 돼."

"아니야. 내가 들어갈게. 그래도 아버지를 아무도 모르는 사람들에게만 맡길 순 없어. 아버지도 무서우실 거야. 그래도 마지막 가는 모습을 지켜 드리고 싶어."

나는 그렇게 아버지가 있는 방으로 들어간다. 그때 나는 아버지에게 할 수 있는 건 옆에서 지켜드리는 거뿐이라고 생각했다.

그때 기억이 아직도 생생하다. 부패가 얼마나 심했는지 그 악취 냄새를 잊질 못한다. 들어가자마자 시체가 보인다.

"저게 아빠라고?"

그 모습은 정말 처참했다. 형태를 알아볼 수가 없었다. 저분이 아버지라고 믿고 싶지 않았다. 손가락에서 아버지의 반지가 보인다. 마음으론 내 눈으로 확인하고 싶었던 것 같다. 한편으로는 아버지가 아니셨을 수도 있다는 생각을 하고 들어간 것도 있다. 하지만 아버지의 반지를 보는 순간. 아버지가 맞았다. 반지가 없었다면 절대로 아버지라고 생각할 수 없는 형태였다. 진짜 저게 아버지가 맞을까. 알아볼 수가 없었다. 아버지의 형태가 보이질 않는다. 영화에서나 본 좀비와 다를 게 없었다. 부검하시는 분들이 말한다.

"보호자님, 부검을 시작하겠습니다."

나는 아무 말도 할 수 없었다. 아무 생각이 들지 않았다. 부검을 시작한다. 보는 내내 고통스러웠지만, 그래도 마지막 아버지를 지켜야 했다.

"아빠, 조금만 참아. 금방 끝날 거야. 나 여기 있어. 몹시 아프지. 내가 지켜보고 있어. 제발 조금만 참아."

난 마음으로 아버지에게 말한다. 부검은 계속 진행된다. 내 눈앞에 아버지를 부검하는 모습이 너무 처참하다. 아버지의 머리를 전기톱으로 자른다. 그 후 머리피부를 벗겨낸다. 그 후 다시 두개골을 자른다. 두개골을 절단한 후 뇌를 꺼냈다. 아버지의 가슴과 배를 자르기 시작한다. 그 안에서 장기들을 꺼낸다.

그 순간, 아버지의 한숨 내쉬는 소리가 들려온다. 이때 아마 폐에서 물이 빠지는 소리였을 거다. 그 소리가 난 왜 아버지의 한숨으로 들렸을까? 난 마음속으로 말한다.

"아버지, 이제 편안하시죠? 한숨도 크게 쉬셨으니 좋은 곳에서 편안하게 쉬세요."

그렇게 나는 아버지의 한숨을 듣고 한결 마음이 편안해졌다. 나는 그 순간 다짐했다.

"아버지, 저 열심히 살아서 보여드릴게요. 아버지를 무시하고 외면했던 사람들에게 꼭 성공해서 아버지에게 당당한 아들의 모습을 보여줄게요."

그렇게 아버지의 마지막 부검까지 마치고 나왔다. 만 18세 어린 나는 돌아가신 아버지의 부검 장면을 바라볼 수밖에 없었다. 그 기억이 나에겐 너무 힘든 기억이었다. 만 18세 이후론 그 기억을 닫고 살아왔다. 생각한다고 해서 바뀌는 게 없다. 돌아가신 아버지가 다시 돌아오진 않는다.

슬퍼할 겨를이 없다. 돈을 벌어야 한다. 이 치열한 사회생활에서 살아남아야 한다. 나는 내가 눈물이 없는 줄 알았다. 온통 내 머리에는 긍정적인 생각만을 한다. 그렇게 살아가려고 한다. 모든 책에서 부정의 씨앗을 없애라고 한다. 이런 아픈 기억들이 과연 부정이냐는 생각도 해본다. 그렇게 나는 글을 쓰면서 흐느끼면서 울어본다. 생각하지 않았던 아버지를 생각한다. 너무 서럽다. 힘들다. 기억해 내고 싶지 않다. 그렇게 하염없이 울어본다. 작가님이 말씀하신다.

"글을 쓴다는 건 나를 찾는 일입니다. 글을 쓰다 보면 담담해질 겁니다. 나를 더 알아가는 시간입니다. 울고 싶으면 속 시원하게 우세요. 그래야 일어날 수 있습니다. 내면을 깨고 나오세요."

그 순간 나는 신기한 느낌을 받는다. 나는 눈물이 없는 사람인 줄 알았다. 심지어 돌아가시는 아버지의 부검을 눈앞에서 보고도 울지 않았다. 그땐 어려서 그랬는지 모르지만 덤덤했다. 지금은 나이가 좀 더 들어 성숙해진 것일까. 아니면 아들을 키우고 있어서 그런 것일까.

그렇게 작가님과 이야기를 나누고 헤어지면서 궁금하다. 눈물이 멈추지 않는다. 여태까지 인생을 살아오면서 울었던 모든 날을 합친 것보다 그날 눈물을 흘린 게 더 많았다. 자면서도 눈물이 멈추지 않는다. 이게 글쓰기의 힘인가 생각한다. 그렇게 나는 글을 쓰면서 나의 내면을 꺼내본다. 속 시원하게 운다. 지금은 좀 덤덤하다. 이렇게 글을 쓰면서도 괜찮다. 내 안의 슬픔을 모두 씻은 느낌이다. 내가 쓰고 있는 글이 책으로 출간될지 안 될진 잘 모르겠다. 출간이 안 돼도 상관없다.

그전에는 무조건 출간해야 한다. 그로 인해 돈을 벌어야 한다. 강의해야 한다. 영향력을 키워야 한다는 생각으로 가득 차 있었다. 하지만 지금은 아니다. 글을 쓰면서 내면의 아픔을 씻어낸 것 같은 기분이다. 아버지를 잊고 살아가려고 했던 나날들을 이제는 그렇게 생각하지 않는다. 아버지를 생각한다. 울지 않는다. 덤덤하다. 아버지가 하늘나라에서 편안하게 계셨으면 하는 마음뿐이다. 그렇게 나는 글쓰기를 하면서 속 시원한 눈물을 보이면서 나를 알아갔다. 시원하다. 그거 하나로 이 글쓰기를 시작한 걸 잘했다고 생각해 본다.

SNS로 자극받는 열등감

언제까지 일을 해야 저들처럼 될 수 있을까? 열심히 산다고 살고 있는데 저들은 어떻게 생활했기에 저렇게 살아가는 걸까? 핸드폰 화면만 열면 멋있고 돈 많고 호황을 하면서 살아가는 이들 뿐이다. 경기가 안 좋다고 한다. 하지만 내 눈에는 그렇게 보이지 않는다. 왜 이렇게 부자는 많고 화려한 삶을 살아가는 이들은 이토록 많을까? 나는 자존감이 낮아져간다.

나는 내 꿈인 헬스장의 대표가 되었다. 꿈을 이루면 무조건 행복할 줄만 알았다. 하지만 그 행복도 잠시였다. 대표가 되면서 책임감이 높아져만 갔다. 그 달의 매출 그날의 매출이 발생하면 그날은 안도의 한숨을 쉬었고 매출이 안 나오면 압박감이 생기는 거니. 헬드폰을 열어 본다. 무의식적으로 SNS에 손이 간다. SNS를 보던 와중 지인의 센터에서 계약서를 많이 받았다고 10장 넘게 올린다. 그날의 매출이라고 자랑을 한다. 나는 자책을 한다. 저 친구는 하루에 10장을 받는데 왜 나는 한 장도 받지 못할까? 내가 잘못하고 있는건가. 분명 지리적 위치, 센터의 노후화 등이 상관없지는 않을 거다. 그래도 핸드폰만 열면 시기 질투할 사람들 투성이다. 몸 좋은 사람, 돈 많은 사람, 지점이 많은 사람, 외제차를 타고 다니는 사람, 넓은 규모의 자기 가게, 인테리어가 엄청 화려한 매장 등등. 이 사람들은 도대체 어디서 무엇을 했길래 저런 삶들을 살아가고 있을까? SNS를 끊고 싶지만 끊을 수가 없다. 끊으면 뒤쳐질 것만 같고 벤치마킹을 안 하고선 전략을 짤 수가 없다. 이럴 수도 없고 저럴 수도 없는 상황이다.

기술이 발전했다고 모든 게 좋은 건 아닌 것 같다. 화려한 삶을 사는 사람들 투성이다. 질투가 난다. 부럽다. 어떻게 하면 나도 저렇게 할 수 있을까? 처음에는 그렇게 시기 질투를 했었다. 하지만 저들과 나는 다르지 않은가. 지리적 위치 센터의 컨디션 규모 내가 절대 저들보다 못하다고 생각하진 않는다.

나는 시야를 바꿔 다시 생각해 본다. sns에 자주 나오는 화려한 삶을 사는 사람들은 그렇게 살아가고 있기에 자주 띄는 것이다. 그런 삶을 살고 있기에 조회 수도 높고 인기가 있기에 그렇게 화려할 수 있는 것이다. 그들을 보면서 나도 저런 꿈을 꾸어보고 나도 열심히 꾸준히 한다면 언젠가는 저 정도의 위치에 갈 수 있을 거라고 생각한다. 내가 운영하는 헬스장의 범위는 테두리가 있다. 그 안에서 싸우는 것이다. SNS에 화려하게 살고 있는 저들과 싸우는 게 아니다. 내 범위 안에서 열심히 살다보면 조금씩 발전하는 삶을 살 수 있다고 나는 확신한다.

3개월의 힘

나는 사업체를 운영하면서 3개월의 힘을 가장 신뢰한다.

운동을 처음 시작한다. 1개월은 기초체력을 올리고 자세를 습득한다. 2개월은 그런 능력이 합쳐져서 운동 수행 능력과 응용 동작을 할 수 있는 단계까지 접어든다. 3개월은 그런 것들이 싸여 몸에 변화가 가장 많이 뚜렷하게 나타난다. 나 또한 처음 운동했던 시기가 생각난다. 3개월을 가슴 운동만을 꾸준히 해왔다. 내가 스스로 가슴이 발달하였다고 느꼈던 건 3개월 정도였다. 그렇게 3개월의 힘은 대단하다.

운동을 하면서 나는 몸에 변화를 느꼈고 3개월이란 숫자를 인생에도 대입해 본다. 내가 어떤 일을 생각하고 실행한다. 낯설고 어색하다. 나는 이제 이 낯섦과 어색함을 즐긴다. 이 느낌이 나에겐 도전이고 실행하고 있다는 증거이다.

1달은 정말 그냥 한다. 어떤 감정이 들든 어떤 생각을 하던 일단 1달은 기초체력을 만드는 시기라고 생각한다. 책을 처음 읽었을 때 1개월은 정말 눈에 들어오지 않았다. 그냥 읽었다. 눈이 졸리다. 졸리면 졸린 대로 그냥 읽었다. 읽었다기보다는 그냥 훑고 지나갔다. 평생을 안 읽었는데 눈에 들어왔을까? 절대 안 들어오더라. 그래도 꾸준하게 책을 잡아본다. 나의 더 나은 미래를 위해서. 내 살에 붙이기 위해서.

그렇게 1달이 지나서 2개월 차 조금씩 눈에 들어온다. 읽으면서 눈에 들어오는 책들도 있었지만 아직은 독서 초보자라 안 들어오는 책 또한 분명 존재한다. 눈에 안 들어오는 책을 읽는다고 해서 바로 놓진 않았다. 그 과정 또한 필요하다고 생각했다. 어떻게 내가 좋아하고 하고 싶은 일만 할 수 있겠는가. 눈에 안 들어오는 책 또한 시행착오라고 생각하며 선택은 했기에 끝까지 완주를 해보려고 노력한다.

나의 스승님인 작가님의 책을 읽는다. 1년간 책을 1,000권을 읽었다고 한다. 독서 모임 또한 10년이 넘게 진행하고 있다. 그런 생활을 느껴보고 싶었다. 작가님에게 물어본다.

"작가님 독서를 머리에 남기고 싶은데 어떻게 할까요?"

작가님은 독서 노트를 하면서 독서 능력이 많이 향상되었다고 한다. 그 말을 듣고 나는 바로 실행을 해본다. 진짜 그냥 섰다. 그것 또한 똑같이 진행해 본다. 1달 그냥 쓴다. 받아쓰기 하는 심정으로 작성한다. 2달 조금씩 머리에 남아서 간다. 가슴이 살짝살짝 움직인다. 3달 손끝에 감정이 느껴진다.

이렇게 나는 '3개월의 힘'을 느끼고 있다. 이 시기를 넘기니 유지가 된다. '도전'은 중요하다. '실행'도 중요하다. 더 중요한 것은 '유지'다. 3개월 이상을 하면서 독서를 선택하는 기준이 생겼다. 이제는 판단 능력이 생긴다. 나에게 맞지 않는 책은 읽다가 과감하게 패스한다. 현재 나에게 급한 책 위주로 읽기 시작한다.

이런 능력이 길러진 거 말한 거처럼 3개월의 힘이다. 평생 책을 가까이하지 않은 나였지만 독서하는 습관이 생겼다. 이제는 TV를 보는 시간보다 독서하는 시간이 더 많아졌다. 어딜 나가든 내 옆에는 책이 항상 있다. 핸드폰과 동행하는 친구가 되었다. 난 책을 내 와이프라고 생각한다.

지금 생각해 보면 사업 또한 마찬가지였다. 1달은 긴장의 연속이었고 근심·걱정이 가득했다. 2달이 지나니 조금씩 체력이 길러진다. 3개월 적응이 되었다. 습관이 되었다. 이제는 평온하다.

이렇게 나는 3개월이 나의 미래라고 생각한다. 이 3개월만 넘기면 어떤 일이든 판단할 수 있다. 3개월을 해보았는데 나에게 안 맞으면 과감히 버린다. 3개월을 해보았는데 나에게 맞는다면 그건 나의 미래에 꾸준한 자산이 된다. 유지를 할 수 있는 것이다. 사업체를 8년 차 운영을 유지하고 있다. 독서를 유지하고 있다. 독서 노트 작성을 유지하고 있다. 가장 중요한 변화는 나는 3개월이라고 생각한다. 이게 쌓이면 유지가 된다.

이제 3개월을 진행하고 있는 과정에서 생각을 해본다. 3개월이 시작되어 꾸준함이 생기고 지금의 나의 유지를 생각해 보면 그 3개월이 있어서다. 지금 나의 모습 과거를 생각해 본다. 그 3개월을 실행했기에 5년 전 내 과거를 생각해 본다. 첫 단추가 있었기에 나의 현재 삶이 있다. 지금 유지하고 있는 것들이 앞으로 내 5년의 미래라고 생각하며 앞날이 정말 기대가 되고 설렌다.

도전 유지 모두가 중요하다고 한다. 이 모든 걸 유지할 수 있는 건 나는 3개월의 힘이라고 생각한다. 내가 하는 모든 일들이 3개월을 넘어서니 몇 년이건 꾸준하게 유지할 수 있다고 나는 자신한다. 그 첫 시작의 관문은 나에겐 3개월의 힘이다.

8년차 전단지 인생

나는 8년 차 헬스장 관장이며 8년 차 전단 인생을 살고 있다. 8년 차 전단을 하면서 느낀 게 있다. 누가 보면 아무 느낌 없는 전단 일 거다. 정말 다리만 있다면 누구나 할 수 있는 일이다. 누구나 할 수 있는 전단지이지만 나에겐 특별한 감정을 주는 전단이다.

그렇게 멍청이 관장은 첫 장사를 시작한다. 온전히 100% 내 것이 아니었지만 뭔가 나의 돈이 들어갔다는 게 기분이 좋았다. 직함도 점장이다.

"오, 이제 나 트레이너 아니네."

직함이 있으니깐 나 좀 성공한 거 같고 너무 멋진 거 같아. 이렇게 생각해 본다.

내가 그렇게 운영하기 전 1달 매출 100만 원이었던 매장이다. 정말 신규 회원님을 딱 한 명 받은 것이었다. 그래도 자리가 아예 안 보이는 곳도 아니고 어떻게 1명을 받을 수가 있을까? 정말 아무것도 안 하고 가만히만 있어도 그것보단 더 받을 수 있지 않을까? 도대체 어떻게 하고 있었던 걸까? 운영하는 선생님들을 만나본다.

모두 표정이 밝았고 긍정적인 마음도 있고 외모도 수렴하고 운동도 열심히 하는 선생님들이었다. 그런데도 매출이 이렇게도 나올 수도 있구나. 이거 긴장해야겠다는 생각이 내 가슴을 내려친다. 그래 한번 포기했는데 절대 2번 포기는 없다. 일단 아무거나 해보자. 그때의 경험이 있었기에 나는 지금 8년 차 운영 중인데도 언제든 나도 저렇게 매출이 나올 수 있겠구나. 내가 성장하지 않고 가만히 있으면 나라도 한 달 매출 100 만 원이 나올 수도 있겠구나. 그렇게 하면 적자가 한 달에 1천만 원을 내 돈으로 메꿀 수도 있게 구나. 언제든지 망할 수 있겠구나. 그런 생각들을 하면서 하루하루를 열심히 살아가는 원동력이 되기도 하는 것 같다.

그렇게 첫 업무는 전단이었다. 배운 게 전단뿐이 없었으니 내가 가지고 있는 무기라곤 건강한 두 다리뿐이다. 그때 당시 내가 할 수 있는 거라곤 전단 말고는 없었다. 그렇게 2주 동안 매일 9시간을 걸어 다니면서 전단을 한다. 걷고 서고 걷고 서고를 무한반복 그렇게 밥 먹는 시간 빼고 셀어본다. 3만보 이상이 넘게 나온다. 그 시절 그냥 했다. 할 수 있는 게 전단 말고는 홍보 방법을 아는 게 없었다. 그리고 나만 생각했다. 나 돈 많이 벌고 싶어. 나 먹고 살아야 해. 그래도 움직였던 결과였는지 매출이 올라가기 시작한다. 이렇게 빠르게 올라간다고. 신기하게 매출 100만 원인 매장을 2,000만 원으로 20배의 성과를 올린다. 이렇게만 하면 금방 부자 될 수 있겠다고 생각한다.

그렇게 2년 차를 맞이해 본다. 전단홍보를 계속 하니깐 머쓱함이 올라온다. 난 나름 지점의 대표이다. 아 직함만 뻔지르르하지. 하는 건 맨날 전단만 하는 나날들이었다. 그때 생각해 본다. 대표는 전단 하는 사람. 매출을 꾸준히 발생해야 했기에 안 할 수도 없는 노릇이었다. 수업하고 시간이 남으면 계속 나간다. 움직여 본다. 나의 더 나은 미래를 위해서 그 시절에 습관은 그랬던 것 같다. 모두가 전단 지를 하니 나도 해야지. 내가 살아남으려면 더 많이 움직여야 살아남을 수 있었다. 내가 갈 수 있는 동네가 한정적이니 매일 하니깐 전화가 온다.

"아저씨, 제발 그만 좀 하세요. 해도 해도 너무 한 거 아니요."

"네, 죄송합니다."

나는 전단지 전달하는 사람이 아니다. 나는 수업하고 운영하는 사람이다. 그런데 왜 맨날 전단지만 하고 있지. 내가 전단하려고 이렇게 대표직을 가지고 온 건가. 그래도 이겨내야지 버텨보자. 스스로 또 다짐해 본다.

3년 차. 왜 내 삶은 바뀌지 않을까? 보통 다른 대표들은 초고속 성장을 하던데. 다들 큰 규모의 헬스장을 오픈하고 외제 차를 타고 수업도 안 하고 호화로운 삶을 살고 있는데 왜 나는 안 되는 걸까. 나는 언제쯤이 전단을 그만할 수 있을까? 나를 한탄해 본다. 이제 정말 지겹다. 하기가 싫다. 맨날 반복되는 삶 속에서 다른 일을 해야 하나. 그렇게 고민을 해본다. 그냥 전단하는 게 정말 쪽팔린다. 다른 사람들 나올까 봐 눈치 보고 하는 게 힘들다. 전단을 하다 들키면 혼나야 하는 내 자신이 너무 싫어진다.

4년 차. 동업을 해지하고 독립하게 된다. 이제 정말 온전히 나 혼자서만 책임을 지어야만 한다. 그전에도 한 번도 제대로 도와준 적 없고 전화 통화로만 보고받고 했는데 뭐. 여태까지 해 온 거처럼 꾸준히 하면 되겠지. 하고 나를 다잡아본다. 그렇게 코로나 시대에 나는 확장을 한다. 그때의 직원 분들의 월급을 챙겨야 했다. 수익도 많아질 수 있지만 지출 또한 많아질 수 있다는 생각을 한다. 초심을 다시 잡아본다. 발로 뛰어야 한다. 할 수 있다. 결혼도 했고 배 속에 아이도 있으니 더 열심히 살아야 한다. 쪽팔린 게 대수냐. 지켜야 할 가족들과 월급을 챙겨주어야 할 직원들이 있다. 나의 쪽팔림은 순간이다. 무한 책임감을 가져야 한다. 할 수 있다. 움직여보자.

1~4년 차 하면서 느낀 건 전화가 안 오진 않는다. 매출에도 도움이 된다. 하지만 움직이는 거 비해선 더디긴 하다. 누가 그러더라. 1,000장의 전단을 돌리고 등록이 아닌 전화 1통만 와도 성공한 거라고 꾸준히 하다 보면 사람들 인식이 자리가 잡힐 거라고. 그 1통을 위해 움직여본다.

5년 차 직원들에게 비전을 주어야만 한다. 나만 잘사는 게 아닌 같이 일하는 직원들 또한 잘살게 해주고 싶다. 트레이너로는 벌 수 있는 게 한계라는 게 나는 느꼈고 알고 있다. 더 많은 급여를 챙겨주기 위해선 지점 확장을 해야만 한다. 그러려면 내가 돈이 많아야 한다. 여태까지 경험도 있고 잘 버텨왔으니 어떻게든 할 수 있을 거야. 하루빨리 호점을 늘려보자. 그렇게 나는 높은 목표가 생겼고 그 목표를 가기 위해 움직여본다.

6년 차 아직도 나의 삶은 비슷하다. 그래도 벌어야 하기에 움직여본다. 이제는 아이가 태어났다. 돈은 벌어 해야겠고 아이도 보고 싶고. 그렇게 생각한 게 아이를 유모차에 태우고 나는 전단을 들고 나간다. 지금 생각해 보면 와이프에게 너무 미안하다. 분명히 쪽팔릴 수 있는데 내가 혼자 나가서 하는 게 안쓰러운지 밝은 표정으로 좋다고 해준다. 그래 지금은 내가 이렇게 전단하고 있지만 이런 게 쌓여 우리 가정에 도움이 될 거야. 향후 40대 50대에 가서 더 나은 삶을 살아갈 수 있게 지금은 움직여보자.

전단을 하면서 아들에게 말한다.

"아들아, 너는 아빠처럼 전단하지 마. 매일 조금씩 움직이지만 현재 내가 할 수 있는 게 이것뿐이라서 움직이고 있단다."

내가 조금만 더 머리가 좋았고 공부를 잘했더라면 이런 생각도 해본다. 누가 보면 이렇게 생각할 것이다. 현재 시대에도 아직도 전단을 하고 있냐고. 비상식적인 행동을 하고 있다고 무식한 자식이라고. 그것도 맞을 순 있다. 근데 그건 보는 시야와 지역적인 특색이 있다. 강의를 들으러 다니다 보면 이런 말이 한다. 지금 시대에 전단을 하는 건 멍청한 짓이라고 온라인만 하셔야 한다고. 온라인은 무한정적으로 할 수 있다고. 그 말에 동의한다. 그래서 하나 말해주겠다. 나는 우리 동네 테두리 안에서 블로그도 제일 열심히 하고 있다. 팀원들 개개인마다 개인 블로그도 만들고 운영을 하고 있고 지금은 어느 정도 이해도가 있어서 키워드도 잡고 있다. 올리면 상위에 항상 올라간다. 인스타도 더 잘하기 위해 현재에 교육도 지속해서 받고 있다. 잘하기 위해서.

이 모든 걸 하고 남는 시간을 더 활용해 나는 움직이고 있다. 온라인 + 오프라인 둘 다 하고 있다. 사람들은 한 면만을 보고 이야기한다. 나보고 어리석다고 한다. 왜 그렇게 전단만을 강요하느냐고. 나를 얼마나 알진 모르지만. 미안한데 온라인 할 것 다하고 전단도 하고 있는 거니깐 그만 걱정하고 너희 생활 테두리 안에서 할 수 있는 모든 것들이나 해보고 날 걱정해라.

7년 차, 그렇게 나는 영업장을 늘렸고 지금도 비슷한 생활을 하고 있다. 영업장을 늘리면 전단을 그만할 줄만 알았다. 하지만 아니었다. 이제 전단은 나와 때려야 뗄 수가 없다. 왜? 지켜야 할 식구들이 더욱 많아졌다. 식구들이 많아지니 책임감만 강해지는구나. 더 많은 월급을 주고 싶다. 식구들이 행복했으면 좋겠다. 그런 생각들이 드니 안 움직일 수가 없구나. 결국은 내가 소유한다고 해서 내 삶이 바뀌진 않는구나.

그래서 난 8년 차에 와서야 그냥 나는 전단하는 사람이라고 받아들이기로 했다. 쪽팔림 그런 것 없다. 내가 움직여야 식구들에게 월급을 줄 수 있다. 움직여야 한다. 세상은 너무 넓고 배울 수 있는 시간도 한정적이고 사람을 만나는 범위도 한정되어 있다. 절대 우물 안에 개구리가 되어선 안 된다고 생각한다. 나는 오늘도 많은 사람들의 경험을 듣고 배우고 하면서 내 살에 붙이고 있다. 살을 붙이면서 현재에 충실하게 살아간다. 누구나 영원한 건 없다. 내가 언제까지 이 업장을 운영할지 아무도 모른다. 정답도 없다.

하지만 이건 하나 있다. 내가 만든 책임. 어떻게든 책임은 지겠다. 요새 피트니스 업계에 먹튀가 많다. 임금체불 또한 발생한다. 너무 마음이 안타깝다. 분명 힘들게 일했을 텐데 월급을 못 받는 현실이 얼마나 분할까. 그런 대표들은 호화로운 삶을 살고 멋진 외제 차 집 비싼 음식들. 자기 식구들 때문에 그런 호화로운 삶을 살았을 텐데 월급 지급도 없이 도망가다니. 거기에 등록한 회원님들의 피해는 누가 보상해 줄 건지. 각자 맡은 회원님들 또한 있을 텐데. 자기들이 먹고 나르는 것도 아닌데 욕은 선생님들이 먹고 있고 현재 업장을 성실하게 운영하는 사람들이 같이 연대해서 욕을 먹어야 하는 이 현실이 너무 안타깝다. 그래서 나는 오늘도 살아남기 위해 전단을 가지고 움직여 본다.

정신적 스트레스를 관리하는 방법

나는 헬스장을 운영하고 있다. 우리 분야 사람들은 내가 운영하는 주위에 헬스장이 생기면 그렇게 뒷담화를 많이 한다. 경쟁업체가 들어왔다는 이유만으로 좋아하지 않는다. 어떻게 하면 그들을 이길까? 어떻게 하면 그쪽 회원님들을 데리고 올까? 어떻게 하면 그 업체를 망하게 할 수가 있을까? 다른 곳에 에너지를 쓰고 있다. 예전에 나 또한 마찬가지였다. 회원님들이 이동하면 어떡하지? 매출이 떨어지면 어떡하지? 이런 생각들을 했다. 하지만 지금은 아니다. 지금은 나의 진정한 경쟁상대는 나의 내면 내가 운영하는 내부 안에 있다.

자본주의 사회는 무한경쟁의 사회이다. 어디를 가나 나랑 같은 업종은 존재한다. 우리나라만큼 자영업을 많이 하는 곳도 없다고 한다. 정말 많은 업장들이 살아남기 위해 부단한 노력을 하고 있지만 그 안에서 분명 힘들어하는 사람들 또한 많이 있다. 그 힘든 상황에서 옆에 나와 같은 업종의 매장이 들어온다면 욕을 엄청나게 한다. 자영업을 하는 사람들이라면 공감할 거라고 생각한다. 심지어 나는 이런 경험도 하였다.

우리 매장 앞에 간판이 하나 설치되어 있다. 어느 날 찢어져 있었다. 경쟁업체에서 몰래와 찢어버리고 간 것이다. 이렇듯 네가 죽냐 내가 죽냐 해보자는 식이다. 너는 내가 이길 수 있다. 감히 내 옆에 들어와. 어디 한번 해 보자. 그때부터 가격을 후려치기 시작한다. 경쟁업체를 죽이자는 마인드다.

그런 경험을 하였기에 나 또한 그랬다. 어떻게든 이겨야지. 그 업체를 비하하고 욕을 하였다. 그때는 몰랐다. 이유 없이 에너지를 밖에 쏟고 있었던 것이다. 그때는 그게 정답인 줄만 알았다. 시간이 점차 지나 이제는 깨달았다. 나의 경쟁자는 외부에 나와 같은 업종의 업장이 아닌 내 내면과 내부고객인 직원이다. 우리 매장을 이용해 주시는 회원님들에게 어떤 서비스를 해드려야 하는 고민을 했었어야 한다는 걸 늦게 깨달았다.

정신적 스트레스 관리하는 것 또한 정말 중요하다고 생각한다. 밖에 쓸 에너지가 있으면 내부고객인 직원 분들과 회원님들에게 써야 한다. 어떻게 하면 직원들이 발전하고 성장할 수 있을까에 대한 고민을 해야 한다. 어떻게 하면 직원들이 힘들지 않게 일할 수 있는지 생각해야 한다. 어떻게 하면 직원들이 더 많은 돈을 벌고 더 많은 여유 시간을 만들어 줄 수 있는지 생각해야 한다. 회원님들에게 보다 청결한 환경에서 운동할 수 있게 생각해야 한다. 회원님들에게 어떻게 하면 보다 더 좋은 서비스를 제공할 수 있는지에 대하여 생각해야 한다.

이렇게 생각하고 고민해야 할 부분들이 많은데 그 에너지를 외부에 쓴다. 정말 비효율적인 방법이라고 너무 늦게 깨달았다. 직원들을 어떻게 잘 관리해 주고 그날그날 좋은 컨디션을 유지해 준다면 당연히 그 마음이 회원님들에게 갈 것이다. 그래서 대표는 직원들에게 잘해야 한다. 직원이 힘든 건 없는지 고민이 없는지 어려운 건 없는지 체크하고 관리해야 한다. 그게 일단 최우선으로 내가 회원님들을 생각하는 일이라고 생각한다.

그래서 나는 나의 정신력 또한 잘 관리해야 한다. 내 정신력이 좋지 않으면 나의 부정적인 영향이 온전히 직원들에게 돌아갈 수 있다. 별거 아닌 일에도 화를 낼 수가 있다. 그로 인한 마찰이 생기면 직원의 이탈이 발생할 수도 있고 그 이탈로 인하여 불편함은 회원님들에게 돌아갈 수 있다. 이 부분을 사업 초반에는 생각하지 못했다. 그래서 1년마다 이탈 비율 또한 높았던 것 같다. 현재는 부정적인 생각을 절대 하지 않으려고 한다. 부정적인 생각이 든다고 생각하면 자리를 피한다. 내가 다시 긍정적인 생각을 할 수 있는 시간을 주고 마음이 바뀐 상태가 되면 그때 다지 자리로 돌아온다. 화를 다스리는 법에 대하여 배운 적이 있다. 화가 나면 피하려고 하지 말고 그냥 받아들여라. 대신 5분만 참아라. 5분만 외면하라. 그러면 서서히 식힐 것이다.

선풍기에 비유해 본다. 선풍기를 킨다. 열심히 돌아간다. 선풍기를 끈다. 서서히 멈춘다. 화가 나면 나는 이 원리를 생각한다. 일단 5분만 피해 보자. 그런 생각과 행동을 하니 마음이 많이 차분해지고 화를 내는 횟수가 현저하게 줄어드는 요즘이다.

그래서 요새는 누가 무슨 짓을 하든 어떤 경쟁업체가 들어와도 상관이 없다. 난 내 내면과 항상 싸우고 있다. 그 내면과 승리를 해야만 직원들에게 좋은 영향을 줄 수가 있다. 회원님들에게 좋은 영향을 줄 수가 있다. 내가 부정적이면 회원님들 또한 부정적으로 된다. 수업의 공기의 질이 나쁘면 회원님들이 불편해하신다. 그걸 알기에 나는 일할 때만큼은 단 1이라도 절대 부정적인 생각을 하지 않는다. 그걸 분출하지 않는다. 그게 내가 대표로서 가장 잘해야 하는 부분이라고 생각한다. 다른 곳에 에너지를 쓸 시간이 없다.

오늘도 난 나의 내면과 싸워서 승리하기 위해 노력하려 한다.

직원 관리 스트레스에서 벗어나다

사업을 하면서 많은 힘든 일을 겪는다. 그중 가장 힘들었던 건 사람과의 관계였다. 4년 동안은 직원들과의 관계가 원만하지 않았다. 1년 정도 기간이 지나면 다른 곳으로 이직하였다. 혼자 자책을 해본다. 나는 항상 버림받는다. 내가 잘못한 건가, 내가 이상한 사람이냐고 생각한다. 그렇게 어느 순간 받아들이기로 한다. 모든 사람이 틀린 건 없다. 추구하는 게 다를 뿐이다.

직원들을 고용한다. 어느 정도 일을 할 줄 알 때가 되면 지루한 일상과 자기의 발전을 위해 1년 정도 다니면 그만두는 경우가 많았다. 그렇게 나는 버림을 받는다. 1년이란 시간이 짧으면 짧고 길면 엄청 길다. 정이 쌓였다. 그렇게 상처를 받는다. 그 직원이 나가면 그 직원 맡고 있던 회원님은 온전히 내가 인수한다. 바로 사람을 구한다고 해도 나랑 익숙한 날들이 많기에 나에게 수업을 요청한다. 최대한 회원님들에게 불편함과 피해를 드리지 않기 위해서라도 나는 수업을 진행한다. 그 직원이 원망스럽다. 내 나름 잘해준다고 했는데 더 좋은 곳으로 가기 위해 이직을 한다.

그렇게 시간이 지나 정직원 3명이 한 번에 그만두는 경험을 한다. 그전에 징조가 보인다. 센터의 공기가 무겁다. 심리적 압박감을 받는다. 새로운 직원을 바로 뽑기도 쉽지 않다. 그렇게 서로 눈치를 보다가 한방에 터트려준다.

"관장님, 저희 모두 그만두겠습니다."

그전부터 분위기를 알았지만 그만 둔다는 소리를 들으니 마음이 내려 않는다. 1달이라는 시간을 주었기에 보이지 않는 사람을 찾아야 한다. 그 안에 구할 수 있을까? 인수인계는 잘할 수 있을까?

1명이 그만두는 건 그나마 괜찮다. 내가 받아서 수업을 해결할 수 있는 정도이다. 하지만 3명은 이야기가 다르다. 혼자 다 받아서 수업을 절대 할 수가 없다.

그래도 어떻게든 해결이 되긴 했다. 그래도 모두가 나를 등 돌리지 않았기에 어떻게든 살아남았다. 문득 그렇게 3명이 한 번에 퇴사하고 나서 생각에 잠겨본다. 뭐가 문제일까? 왜 계속 이런 시련들을 성험해야 할까? 방법은 없을까? 아무래도 업무를 타이트하게 관리하였던 것 같다. 그래서 그런 과정에서 잔소리가 많아졌다. 그 뒤로 마음을 좀 내려놓기로 생각한다. 좀 못할 수도 있지. 나와 생각이 다르다고 틀린 건 아니지. 그렇게 받아들인다. 그러니 마음이 편안해진다. 언제든 그만둘 수 있는 게 직원이다.

그래서 사업 초기에는 그런 경험을 하고 마음을 많이 주지 않았다. 마음을 줘봤자 어차피 떠날 사람들이고 또 나만 상처받을 게 뻔하다고 생각했다. 하지만 지금은 생각이 완전히 바뀌었다. 언제든 그만둘 수 있는 사람들이지만, 그래도 나와 함께 있는 시간만큼은 나의 매장을 위해 일해주는 거 아닌가. 그들이 좋은 환경, 더 좋은 조건 비전을 찾아간다면 당연히 손뼉을 쳐주고 보내주어야 한다고 이제는 생각한다. 원망 따위는 하지 않는다. 응원을 해 준다.

그렇게 사람에 대한 시야를 바꾸니 마음도 편안하고 직원을 대하는 태도도 많이 바뀌었다. 단점은 최대한 보지 말고 장점만을 찾아보자. 모든 사람은 단점이 없는 사람은 없다. 나와 생각이 다르다고 해서 틀린 게 아닌 다른 사람들이다. 그럴 수 있다. 나는 그렇게 인정해 본다.

시간이 지나 리더십 관련 책을 읽게 된다. 책에 글을 읽는다. 책을 읽으면서 또 깨닫게 된다. 내가 왜 1년 주기로 직원들이 나를 떠났는지. 현재는 내가 왜 이렇게 생각을 하고 이런 태도로 인해 마음을 다치지 않는 힘이 생겼는지. 책을 좀만 더 일찍 읽었더라면 3년이란 시간은 줄였을 것 같다.

　요새 인사 관리가 정리가 되었다. 내가 현재 직원들이 1주년 주기로 나가지 않는 방법은 내가 압도적으로 성장하고 압도적으로 그들에게 돈뿐만이 아닌 무형의 자산까지 줄 수 있는 레벨이 되어야만 나를 떠나지 않는다. 그걸 느끼고 나선 미친 듯이 독서를 시작한다. 매일 같이 하는 독서가 즐겁지만은 않다. 내 상황과 맞는 이야기들이 나오면 재미있기도 하지만 마냥 매일 즐겁지만은 않다. 독서하는 나의 구체적인 이유가 있다. 난 살아남기 위해서 독서한다. 그런 마음가짐을 하고 독서하기에 책을 놓칠 수가 없다. 독서를 통해서 많은 경험을 해야만 내가 살아남을 수 있다는 걸 요새 뼈저리게 느끼고 있다.

　직원들은 언제든지 그만둘 수 있다. 이제는 인정한다. 그들이 더 비전 있고 좋은 곳으로 갈 수 있다면 그 선택을 존중해 주고 응원해 준다. 언제 떠날지 모르는 사람이지만 나와 함께하는 이 시간만큼은 난 최선을 다해서 그들을 도와주려고 노력한다. 그들을 위해 나 또한 노력하며 많은 성장을 하고 있다고 생각한다.

　그렇게 난 현재 사람 스트레스를 전혀 받지 않는다.

시간을 효율적으로 쓰는 방법

　가정과 일, 뭐하나 소홀히 할 수 없다. 모두 소중하다는 것을 모든 사람들이 알고 있다. 과연 어떻게 분배해야 할까? 나의 안전한 미래를 위해선 모두 놓쳐선 안 되는 일이다. 그래서 난 모두를 융합하기로 한다.

　요새 워라밸이란 말을 많이 한다. 워라밸이란 근무 균형을 줄여 이른 말로, 일과 개인의 삶 사이의 균형을 이르는 말이다. 일 과 나의 삶의 균형을 맞추기란 쉬운 일이 아니다. 수업을 안 하면 그만큼 나의 월급을 삭감해야 한다. 그렇다고 수업만 하기에는 나의 일상생활이 사라진다. 내가 일할 때는 그런 것들을 생각하진 않았던 것 같다. 나는 돈이 중요했다. 하루빨리 나의 헬스장을 갖고 싶었다.

그래서 삶보단 일을 선택했다. 하지만 요즘 시대는 아니다. 적당히 벌고 내 삶을 즐기자는 사람들 또한 많이 생겼다. 사람마다 추구하는 방식이 다르기에 정답은 없다. 돈을 쫓을 것이냐 나의 즐거움을 쫓을 것이냐의 문제이다.

　나는 가정을 꾸리고 있다. 현재와 같이 일하고 있는 직원들이 10명이 조금 넘는다. 내 삶만을 즐기기 위해 지켜야 할 사람들이 너무 많다. 그래서 나의 삶을 많이 즐길 순 없다. 그래서 나의 일상을 이야기 해보려 한다. 매출을 올리기 위해 홍보를 해야 한다. 블로그, 인스타 홍보만으론 충분하다고 생각하지 않는다. 오프라인 홍보도 분명 전화가 오기 때문이다. 가족과도 시간을 돈독히 보내고 싶다. 그렇기에 나는 아이를 유모차에 태우고 와이프와 같이 동네를 돈다. 홍보 겸 산책을 하고 있다. 이렇게라도 가족과 함께 있는 시간을 보내고 싶다. 남들은 이해하지 못할 수 있다. 아이를 데리고 전단을 붙이고 다닌다는 게. 다른 사람들이 어떻게 보든 상관없다. 이런 과정에서 내가 지킬 수 있는 사람들을 지킬 수 있다면 난 얼마든지 감당할 수 있다. 와이프에게 미안할 뿐이다. 그런 나를 이해해 주는 아내가 고맙다. 그렇게 나는 전단 산책을 시간 날 때마다 하고 있다.

　나 또한 수업하는 관장이다. 1:1 개인지도를 하는 사람들의 많은 고충 중 하나기 스스로라고 알고 있다. 수업을 잡았는데 그 시간이 비어있다. 애매하게 시간이 붕 떠 있다. 예전 같았으면 기분이 안 좋았을 거다. 1시간 날렸다고 생각했을 것이다. 그 1시간을 핸드폰 만지고 있었을 것이다. 지금은 상황이 달라졌다. 수업이 비는 1시간이 내가 자기 계발할 시간이다. 독서한다. 읽고 싶었던 책을 읽는다는 설렘이 더 좋다. 지금은 아무리 회원님들이 노쇼를 해도 기분이 나쁘지 않다. 왜? 책을 읽을 수 있는 시간이기 때문이다. 그렇게 나는 노쇼로 생긴 시간으로 독서를 하고 있다.

예전만큼의 운동은 아니지만 하루 1시간은 꼭 근육운동을 하려고 한다. 체력도 유지해야만 뭐든지 할 수 있기에 꼭 하루 1시간을 빼 주 5일을 운동하고 있다. 운동 후 땀이 났다. 뭔가 바로 샤워를 하기에는 너무 아섭다. 그대로 나가서 홍보하고 오면 샤워 시간을 줄일 수 있다. 나가서 홍보하면 땀이 나기에 그대로 나가면 일거양득이다. 난 홍보를 홍보라고 생각하지 않는다. 산책이라고 생각한다. 그런 마음을 갖고 있기에 매일 1시간씩 꼭 홍보한다.

외부 강의를 듣는다. 세상에 강자들은 너무 많다. 배울 거 또한 많다. 우물 안에 개구리가 되고 싶지 않다. 강의를 듣기 위해 전국 곳곳을 다닌다. 평일에는 일을 해야 하기에 일에 매진한다. 보통 강의들은 대부분 주말에 있기에 주말에 강의를 들으러 다닌다. 그렇게 가족들과의 시간은 점점 줄어든다. 처음에는 어쩔 수 없다고 생각했다. 내가 발전해야 가족도 지킬 수 있고 우리의 미래도 그릴 수 있으니 어쩔 수 없는 선택이라고 생각했다. 하지만 요샌 생각의 전환을 해본다. 강의를 들을 때 가족과 함께 간다. 강의를 듣고 그 지역의 명소들을 돌아다닌다. 숙소도 잡아 강의 겸 여행을 함께 즐기기로 한다. 완벽한 휴가는 아니지만 이렇게라도 해야 가족과 함께 보내는 시간을 만들 수 있기에 요새는 같이 전국을 돌아다니고 있다.

블로그를 한다. 처음 블로그를 접하면서 스토리텔링을 하라고 한다. 그전에는 Ctrl c+v만 했다. 블로그에 대해 아는 게 없었으니 무조건 올리기만 하는 줄 알았다. 강의를 들으면서 직접 작성해야 한다는 말을 듣고 실행한다. 블로그를 쓰다 보니 내 생각을 하게 된다. 정리를 하려고 한다. 스토리를 만들려고 한다. 나의 경험을 끄집어낸다. 그렇게 처음에는 홍보만을 위한다고 생각했다. 쓰면 쓸수록 글 쓰는 게 재미있다. 그 블로그에 글 쓰는 과정에서 난 지금 책쓰기로 넘어와 이렇게 나의 경험과 생각을 담아내고 있다. 내 글이 도서로 나올진 모르겠다. 하지만 난 초보 작가라는 타이틀을 갖고 현재 이렇게 작업을 하고 있다. 실패해도 좋다. 도전한 거에 나를 응원해 본다.

이렇게 나는 워라밸을 섞고 있다. 그렇게 하니 시간을 효율성 있게 쓰는 거에 몰입하고 있는 것 같다. 어떻게 하면 모든 일을 융합

해서 할 수 있을까에 대한 생각을 한다. 현재 내가 찾은 답은 이거다. 나는 순간순간 생계와 나의 발전을 위해 움직이고 있다. 이렇게 움직이니 좋은 점이 있다. 자신감이 생긴다. 자존감이 떨어지지 않는다. 나의 미래가 불안하지 않다. 내 5년 후 모습이 너무 기대된다. 난 1분 1초를 소중히 사용하고 있다. 그렇기에 나는 내 기준에서 일, 가족, 자기계발 모두를 잡아나가고 있다.

사람 만나는 것이 힘들 때면

직원들이 불편했다. 회원님들이 불편했다. 사람 만나는 게 불편했다. 그 불편함을 인정해 본다. 한결 마음이 편안해진다. 인생은 혼자 살 수 없다. 함께 살아가야 한다. 나랑 안 맞는다고 해서 틀린 게 아니다. 그건 나와 다를 뿐이다. 그걸 깨닫는데 4년이란 시간이 걸렸다.

첫 사업을 시작한다. 직원들에게 잘해주고 싶다. 직원들과 친하게 지내고 싶다. 하지만 쉽지 않다. 나의 눈치를 본다. 갑과 을의 관계라 어쩔 수 없는 관계인가. 마음이 한편으로 아프다. 외롭다. 나도 힘들다. 누구에게 털어놓을 수가 없다. 속으로 안고 가 본다.

같이 밥을 먹어본다. 그들은 나에게 솔직한 이야기를 안 해준다.

속 안의 이야기를 해주지 않는다. 그렇게 서로 오해가 쌓이면 하나둘 떠나가게 된다. 나는 잘해준다고 생각했다. 나만의 생각일진 모르겠다. 그냥 이기적으로 생각해 본다. 내가 할 수 있는 범위에선 잘해줬다고 생각한다. 하지만 세상은 갈 곳도 많다. 나보다 훌륭한 대표들이 넘쳐난다. 나는 부족하다. 그렇기에 하나둘 나를 떠나간다. 그렇게 상처를 입는다. 그 뒤론 마음을 주지 않기로 생각해 본다.

그런 마음을 갖고 있으니 일이 손에 잡히겠는가. 더 마음이 불편하다. 내 수업만 하고 자리를 피한다. 눈치가 보인다. 내 가게인데 내가 눈치가 보인다. 그들도 분명 알 것이다. 아무리 말은 안 한다고 해서 좋은 관계를 유지할 수 있을까. 공기가 답답하다. 공기가 무겁다.

이렇게 해도 안 되고 저렇게 해도 안 된다. 그렇게 1년 주기로 사람이 나간다. 같이 일 할만 하면 그만두고 그것들이 계속 반복된다. 방법을 바꿔야만 했다. 직원들이 문제가 아니다. 내가 문제다. 나를 뜯어고치진 않고서는 이 생활을 계속할 것 같다. 맨날 상처만 받을 것이다. 하루 이틀 할 일도 아닌데 그렇게 힘들어야만 해야 할 것인가.

그렇게 나는 그들을 받아들인다. 이제는 선만 넘지 않으면 그러려니 한다. 실수할 수 있다고 생각한다. 나와 다르다고 생각한다.

틀린 게 아닌 나랑 다르다. 그 다름을 인정한다. 영원한 건 세상 아무것도 없다. 언제가 바뀔 것이다. 하지만 현재 나를 위해서 열심히 일해주지 않는가.

정말 고마워해야 할 일이다. 감사한 일이다. 그렇게 나는 정신을 뜯어고친다. 그러니 세상이 달리 보인다. 이제는 사람으로 인한 스트레스를 받지 않는다. 생각의 전환만으로 나는 다른 삶을 살아간다. 그들을 인정하면서.

회원님이 불편하다. 가격을 깎아달라고 한다. 마음이 흔들린다. 중립을 못 잡는다. 그렇게 나는 회원님에게 휘둘려 다닌다. 어릴 적 캐디 일을 했던 경험이 아직도 남아 있다. 고위직 사람들을 상대했기에 찍소리도 하지 못했다. 그냥 묵묵히 그들의 요구에 나는 받아주어야만 했다. 사람 상대하는 일을 해야 하는데 사람이 싫다. 사람이 무섭다. 답답하다.

부자가 되고 싶다. 돈을 벌고 싶다. 그런데 사람을 상대를 안 하고 부자가 될 수 있을까? 돈을 벌 수 있을까? 내가 가지고 있는 무기가 무엇인가 생각해 본다. 현재 답은 운동업계에 종사하는 일뿐이다. 다시 캐디 생활을 하고 싶지 않다. 운동업계에 들어오면서 그래도 대우받는 삶을 살고 있다. 캐디로 일할 땐 밖에서 일했다. 트레이너는 안에서 일한다. 정말 감사한 일이다. 눈이 오면 눈을 맞고 일했다. 비가 오면 비를 맞고 일했다. 바람이 불면 바람을 맞으며 일했다. 황사가 오면 먼지를 먹으면 일했다. 그거에 비하면 지금은 정말 감사하게 생각하며 일해야 한다.

좋다. 그냥 인정하자. 방법을 찾아야 한다. 받아들이자. 당당해지자. 세상을 살아가기 위해선 이겨내야 하는 부분이다. 그렇게 생각의 전환을 하면서 회원님들 또한 받아들인다. 바벨 정리를 안 하고 가신다. 좋다. 내가 하고 말자. 다녀주시는 것만으로도 너무 감사하다. 가격 할인해달라고 한다. 그건 안 된다. 못 받는 일이 있더라도 다른 분들과의 형평성을 유지하기 위해 노력하자. 수건을 막 쓰신다. 운동복을 막 바닥에 버리고 가신다. 좋다. 내가 좀 더 지우면 된다. 다녀주시는 것에 감사함을 느끼자.

다른 헬스장을 다녀본다. 다른 헬스장에는 하지 말라는 문구가 너무 많이 있다. 내가 운영하기에 그런 것들만 보인다. 그게 나쁜 건 아니다. 공동으로 이용하는 공간이기에 꼭 필요한 것이긴 하다. 우리 헬스장 기준에서 보면 너무 많을 뿐이다. 현재 우리 헬스장은 붙어 있는 게 없다. 그냥 이용하시라. 내가 치우고 말겠다고 생각한 후로 마음이 편안하다. 그렇게 생각을 바꿔본다.

사람 만나는 것이 불편하다. 나보다 잘난 사람을 만나는 게 불편하다. 내가 위축된다. 그런 게 싫다. 나를 가르치려고 한다. 본인들이 정답인 것이 마냥 가르친다. 사람은 성격 환경 위치 모든 게 다르다. 과연 그들이 가르친다고 해서 100% 정답일까. 도움이 되는 부분은 분명 존재한다. 하지만 그 도움 되는 부분도 내가 판단해서 내 살에 붙이는 거다. 너희들이 말한 게 100%맞지는 않다.

매출이 높다고 한다. 너는 얼마나 나오느냐고 물어본다. 자기보다 안 나온다고 한다. 잘난 체를 한다. 직원이 몇 명이냐고 한다. 직원 숫자를 가지고도 비교한다. 차를 본다. 차 종류를 체크한다. 눈으로 자신감이 뿜어낸 느낌이 든다.

내가 매출이 본인보다 안 나오건 직원 수가 없건 차가 안 좋건 나를 위해서 희생해 준 게 있을까? 그냥 다른 이야기를 하면 안 될까? 만나면 돈 이야기, 사업 이야기, 언제까지 그런 이야기만 할 것인가. 진정 나란 사람만을 보고 이야기를 해주면 안 되나. 그런 사람들이 불편하다. 만나고 싶지 않다. 그렇게 나는 인간관계를 끊어 버렸다. 불편함을 인정했다. 나에게 부정적인 생각을 주는 사람은 과감히 끊어 버렸다.

인생을 살아가면서 불편한 감정들이 참 많이 존재한다. 그 불편함을 받아들일 건 받아들여 생각을 전환하고 그 불편함이 아니라고 하면 당당하게 끊어버릴 건 끊어버리는 결단이 필요하다고 느낀다. 그렇게 난 불편함을 인정했다.

하루하루 열심히 살다 보면
어느 날 정상에 닿는다

나는 우유부단하다. 항상 하는 것들이 매년 바뀐다. 하지만 이건 있다. 큰 목표는 동일하다. 나에겐 10년 계획, 5년 계획, 1년 계획이 있다. 저 멀리 있는 10년의 나의 미래를 생각하면 현재를 살아가고 있다. 지금은 현실적으로 불가능한 일이지만 그 10년을 보며 5년 계획을 달성하기 위해 노력을 하고 있다. 그 5년의 계획은 광범위하나 내가 1년 1년을 열심히 살아간다면 꼭 이루어 낼 수 있는 것들이다.

그 5년의 계획에 성공하기 위해 난 1년의 계획들이 수시로 바뀐다. 바뀌긴 하지만 정상의 위치는 동일하다. 내가 할 수 있는 모든 것들은 시작이었다. 글쓰기, 신규 매장 개점, 기존 매장 유지, 개인 관리, 가족과의 관계, 미팅, 강의 모든 것들을 하고 있다. 모두 다 완벽히 하리라곤 생각하진 않는다. 이 모든 것 중 조금씩 바뀌는 것들도 있다.

하다가 중간에 없애는 것들 또한 있다. 일단 모든 계획을 시작한다. 중간에 우선순위를 가른다. 없앨 건 없애고 집중할 건 집중하고 있다. 하나하나의 카테고리를 완성하며 하나의 카테고리를 할 땐 몰입하고 있다. 이중 글쓰기를 할 때 글쓰기에만 모든 걸 몰입을 하고 있다.

이렇게 계획을 짜면서도 많이 고민하였다. 과연 이 모든 걸 과연 다할 수 있겠느냐는 생각도 해보았다. 하지만 생각만 하면 아무것도 바뀌지 않는다. 일단 실행한다. 실패하더라도 실행한다. 모든 것에 끈을 놓지 않기 위해서 매 1분 1초를 정말 소중하게 활용하고 있다. 모든 걸 하나하나 성을 쌓아가고 있다.

이 모든 것들이 합쳐져야 나의 5년의 계획의 시작을 할 수 있다. 힘든 시간을 보내고 있다. 머릿속은 복잡하지만 뜨겁다. 이런 많은 것들을 하고 있다는 게 신기하다. 나는 할 수 있다. 하는 과정에서 그 경험들이 나의 재산이 될 것이다.

10년을 그려 놓은 게 이렇게 많은 계획을 짤 수 있게 해준 동기가 되었다. 그렇게 나는 1년에 한 수 있는 모든 계획을 만들었다. 실행하고 있다. 잘할지는 모르겠다. 하지만 완주는 하려고 노력하고 있다. 완주에 목표를 두고 진행하고 있다.

이런 과정에서 나는 매일 성장을 하고 있다. 이런 성장이 나에겐 하루하루의 성공이다. 중간에 약간의 길이 병행될 수도 있지만 정상은 똑같다. 돌아가는 날도 있다. 쭉 밀고 가는 날도 있다. 정상은 같기에 같은 정상을 향해 길을 찾아가 보았다.

글쓰기를 한다. 글쓰기 또한 술술 써지는 날도 있다. 어느 날은 아무리 생각해도 타자가 잡히질 않는다. 안 써진다. 답답하다. 이게 잘하고 있는 행동인가 생각하는 날도 있다. 왜 시작했냐는 의문도 든다. 그런 날은 그냥 그 생각을 받아들인다. 다음날 다시 마음을 잡고 다시 작성한다.

운동도 똑같은 것 같다. 운동이 잘되는 날이 있다. 펌핑이 잘 오는 날이 있다. 느낌이 좋은 날이 있다. 똑같은 운동을 해도 펌핑이 안 오는 날이 있다. 느낌이 별로인 날이 있다. 컨디션이 난조 한 날도 있다. 하지만 이 또한 정상은 동일하다. 그냥 하는 거다. 그냥 가는 거다. 나는 그렇게 글도 그냥 쓰고 있다. 아무 생각 없이 쓴다. 손이 가는 대로 쓴다. 이런 하나하나가 나에겐 성공이라고 생각한다. 나의 성장이라고 생각한다.

이런 하루하루 행동들이 나는 항상 바뀐다. 마음가짐 또한 바뀐다. 긍정적인 날은 긍정적인 마음으로 하루를 보낸다. 부정적인 날은 부정적으로 보낸다. 하지만 정상은 동일하다. 하루하루를 열심히 살아가다 보면 정상에 언젠가는 도달할 거라고 생각한다. 그런 과정에서 나의 성공은 1년마다 바뀐다. 하루하루 다른 날들을 보내면서

생존독서

사회생활을 하면서는 1권의 책도 읽지 않았다. 어떤 우연이었을까? 헬스장을 운영하면서 답답했다. 하루하루가 변해가는 시대. 매일매일 옆에 생기는 경쟁상대. 현재 삶을 지키기 위해 열심히 움직여 보지만 정답을 알 수가 없다. 내 소신껏 움직여보지만 결과는 좀 더 나아지질 않는다. 그렇게 그 해답을 찾아보기 위해 책을 읽어본다. 처음에 책을 읽으면서 눈에 들어오지 않는다. 집중도 안 된다. 그래도 읽어보려고 노력해 본다. 누군가에게 책을 추천받는다. 그때는 몰랐다. 다른 사람이 좋다고 생각할 수 있는 책은 나에게 안 좋은 책일 수 있다는 사실을. 그땐 그게 당연했다. 내 관심사의 책이 아닌데 흥미가 생기지 않는다. 나는 리더십, 돈에 대한 책을 좋아했다. 그런 나에게 철학책을 추천해 주었으니 당연히 읽지 못했다. 그런 책을 꾸준히 읽으면서 깨닫게 되었다.

어느 날 책을 읽으면서 현실을 깨닫게 된다. 나는 헬스장 운영을 하면서 수업도 하고 있다. 첫 헬스장을 운영할 때는 무조건 내 이름으로 사업체를 내면 사업가인 줄 알았다. 하지만 책을 읽으면서 깨닫기 시작한다. 장사 와 사업은 엄연히 달랐다. 자산이 10억 있는 사람과 100억이 있는 사람의 사업은 스케일이 다르다. 그때 그 기준을 몰랐다. 내가 몸을 쓰는 것과 내가 몸을 쓰지 않고 머리를 쓰는 건 천지 차이다. 나는 현재 장사 와 사업을 3개를 하고 있다. 하나는 수업도 하고 운영도 하는 멀티플레이 하는 내가 직접 운영하고 있는 사업장이다. 또 다른 하나는 보고만 받고 내가 직접 몸을 쓰지 않고 진두지휘만 하는 사업장이다.

이런 와중에 책을 읽어본다. 책을 많이 읽지 못하였기에 추천 책위주로 책을 읽고 있다. 처음으로 4시간만 일하라는 책을 읽어본다. 그 책의 내용은 이렇다. 나는 자고 싶은 만큼 잔다. 내 컨디션을 위해서 나는 직접적으로 몸을 쓰진 않는다. 나는 4시간 정도 운영에 대한 머리만 쓰면 된다. 결과적으론 전략을 짜라는 말이다. 나는 책을 쓰는 사람의 말은 다 100% 맞는다고만 생각했다. 보통의 사람이 책을 쓰진 않을 거라고 생각했기에 그 사람들은 모두 성공한 삶을 살고 있을 거라고 생각했다. 그렇게 책을 읽으면서 나도 다짐을 해본다.

"수업이 아닌 운영을 해야 해."

운영 방식을 바꿔봐야겠다. 책을 꾸준히 읽다 보니 6년 동안 내가 잘해왔던 것, 내가 못 해왔던 것이 책을 읽으면서 정리가 되어가는 게 신기했다.

"아, 내가 이렇게 힘들어했고 이렇게 해서 직원들이 그만두었고 이렇게 해서 내가 현재의 위치를 유지할 수 있었구나."라는 게 정리가 되었다. 그렇게 책의 매력에 빠지기 위해 시작한다. 읽으면 읽을수록 정리가 되어가는 과정이 너무 좋았다. 그러다 대조되는 책을 우연히 또 읽게 되었다. 남들 잘 때 자면 다른 사람들보다 앞으로 나아갈 수 없다. 잠자는 시간 빼고는 모든 열정을 일하는 곳에 뛰어야 한다. 사장은 모든 일을 다 할 줄 알아야 한다. 내가 알고 있어야만 진두지휘를 할 수 있고 항상 솔선수범하는 삶을 살아야 한다. 밥도 빨리 먹어야 한다. 밥 먹는 시간 또한 너무 아깝다. 남들 9시간 일할 땐 사장은 18시간 일을 해야 한다.

나는 혼동스러웠다. 어느 책에선 4시간만 일하라고 한다. 어떤 책에선 남들 잘 때 자지 말고 더 빨리 일을 시작하고 더 늦게 자라고 한다. 모두 성공한 사람들이다. 과연 누구의 말이 정답일까? 독서량이 많아질수록 대조되는 책들이 계속 나타난다.

나는 장사도 하고 있고 사업도 하고 있다. 두 카테고리를 다하면서 느꼈다. 책을 아무리 많이 읽는다고 해서 정답을 찾을 순 없다.

도움은 받을 수 있다. 책에서 알려주는 내용들을 느끼고 생각하면서 나의 살결에 붙여나가 본다. 내가 내린 결론은 이거다. 나보다 나를 잘 아는 사람은 없다. 책을 읽으면서 이 부분은 더 확신이 생겼다. 나는 답을 외부에서만 찾으려고 했다. 나보다 더 매출을 많이 올리는 사업체를 찾아다닌다. 나보다 더 돈이 많은 사람들을 찾으러 다닌다. 그때는 그런 사람들이 정답이라고 생각했다. 돈을 많이 벌었으니 내가 그대로 따라가면 나도 저렇게 될 수 있게 지라고 생각했다. 하지만 지금은 아니다. 정답은 "나다." 남들의 도움을 받을 순 있다. 남들에게 위로도 받을 수 있다. 내가 힘드니깐 누군가에게 기대고 싶다. 그것까지도.

내가 선택해서 하지 않았다면 그런 사람들을 찾아다니진 않았을 거다. 그 과정을 듣고 좋은 점과 나쁜 점을 나는 거르기 시작했다.

부동산도 위치에 따라서 달라진다. 예를 들어보겠다. 같은 동에 같은 라인 타입의 집이다. 1층과 20층의 가격을 비교해 보면 쉽게 이해할 수 있을 것이다. 나의 매장과 그들이 생각하는 매장은 상권이 다르다. 지역 또한 다르다. 주 소비층의 연령층도 다르다. 어느 곳은 온라인만 하는데 잘되는 곳이 있다. 어느 곳은 오프라인만 하는데 잘되는 곳도 있다. 내가 생각했을 땐 저들은 나보다 능력이 없는 거 같은데 나보다 매출도 잘 나온다고 한다. 내가 무엇을 잘못했을까? 내가 뭘 못할까? 고민을 해본다.

그래서 요샌 답을 밖에서 찾질 않는다. 내 안에서만 찾고 있다. 남들에게 도움을 받을 순 있다. 하지만 남들이 정답은 아니다. 내가 생각하고 추구하는 방식이 있다. 그들이 추구하는 방식 또한 있을 것이다.

요새 '이 강의 들으면 월급 1,000만 원 벌 수 있는 트레이너가 됩니다.' 라는 문구를 많이 보았다. 그러면서 강의료를 받는다. 자 생각해 보겠다. 강의를 들으면 월 1,000만 원을 벌 수 있다고 한다. 그렇게 자신 있게 월 1,000만 원을 벌게 할 수 있는 사람들을 만들 수 있다고 하면 그 좋은 아이템을 왜 강의를 해주는 걸까? 차라리 본인이 그런 사람들을 고용해서 100명을 키우면 10억이다.

그게 더 빨리 부자가 될 수 있는 길인 거 같은데 왜 그렇게 하는지 이해할 수 없다. 결과는 이렇다. 강의료 명목으로 돈을 벌어서 자기가 부자가 되고 싶은 것이다. 그 내용을 보고선 교육을 거르기 시작했다. 정말 진정성 있게 강의 해주시는 분들도 많이 있지만 분명 이걸 악용해서 부를 축적 하려고 하는 이런 사람들도 분명히 있을 것이다.

그래서 난 실패하더라도 내가 결정한 거기 때문에 남 탓을 하지 않는다. 그런 선택과 과정에서도 내가 생각하고 내가 실행했기에 내가 정답을 내린 것이다. 그런 판단하는 능력을 키우기 위해 나는 오늘도 독서한다. 많은 스승을 만나 그들의 삶을 들여다보고 그들의 장단점을 구분하여 나의 살결에 하나하나 붙이다 보면 나도 언젠가 부자의 길에 들 수 있을 거라고 생각한다. 나의 가정을 풍족하게 챙겨주고 직원들의 삶도 풍요롭게 해주고 싶다. 그렇고 더 나아가 봉사하고 싶다. 그래서 나는 부자가 되고 싶다. 나는 오늘도 독서하며 나의 길을 천천히 한 땀 한 땀 만들어가 본다. 장사와 사업, 난 둘 다 한다. 꾸준히 하다 보면 계속 조금조금 씩 성장하는 나를 보고 있을 것이다. 그 과정에서 또한 성공을 얻을 수 있을 거라고 생각한다. 그래서 오늘 하루에 최선을 다해본다.

불안함을 없애는 방법

나는 매일매일 망할 수도 있다는 긴장감을 항상 유지하고 있다. 사업은 돈이 보이지 않는다. 자본주의 사회는 항상 변화하고 있다. 그래서 나는 항상 공부하고 있다. 지방에 사는 나는 자주 서울에 상경한다. 지방에는 교육이나 강의가 많이 없다. 확실히 사람이 많은 수도권이 활성화가 잘 되어 있다. 주말에 왔다 갔다 하는 일이 쉽지는 않다. 왕복으로 차를 타고 4시간은 투자해야 움직일 수 있는 거리이다. 그렇다고 가만히만 있을 수 없다. 내가 움직이지 않고 성장하지 않으면 내 가족과 같이 일하는 동료를 지킬 수가 없다. 그런 압박감 속에서 하루하루를 살아간다.

초반에는 불안함이 너무 컸다. 나는 지출만 한 달에 5,000만 원이 넘는다. 직장인 1년 연봉을 한 달에 지출로 쓰고 있다. 월초만 되면 심적 압박감을 받는다. 내 심장을 송곳처럼 찌른다. 그런 삶을 살고 있기에 나는 성장을 멈출 수 없다. 매 순간 열심히 살 수밖에 없다. 자리가 사람을 만든다는 말이 있다. 내 스스로 선택한 창업의 길이였다. 내가 선택하였기에 끝까지 책임져야만 한다. 나를 낭떠러지에 밀어 넣은 건 내 선택이다.

하위 수준의 목표, 중간 수준의 목표, 상위 수준의 목표, 상위 목표일수록 그 자체가 목적이고, 하위 목표일수록 목적을 위한 수단이 된다. 강한 사람의 중간 목표와 하위 목표는 대부분 어떤 식으로든 최상위 목표와 관련이 있다.

내가 사업을 한 상위 목표는 존재한다. 나는 10년 플랜이 만들어져 있다. 5년 플랜 또한 만들어져 있고 1년 플랜 또한 만들어져 있다. 내가 선택한 자리이기에 나의 주위 사람들을 지켜야 하는 책임감이 있다. 그래서 난 매년 나에게 지속적인 문제를 만들고 있다. 일부러 나 스스로를 괴롭히고 있다. 나는 나의 발전을 위해 모든 내가 할 수 있는 일을 만들었다. 나를 나 스스로 압박하고 있고 현재 상위 목표를 가기 위한 하위 목표를 진행하고 있다.

현재 내 문제를 만들고 살아가고 있다. 글쓰기, 헬스장 운영, 중형 헬스장 운영, 크로스핏 박스 운영, 독서 모임, 서울 강의, 이 모든 것들이 내가 상위 목표를 향해 가고 있는 하위 목표이다. 모든 걸 진행하고 있으니 집생각 할 이유가 없다. 나는 계속 움직여야 한다.

이게 내가 현재의 삶에서 살아갈 수 있는 방법이라고 나는 생각한다.

이런 나날들을 보내면서 힘들고 어려운 순간들은 없지 않다. 하지만 나는 내가 선택한 일을 사랑하고, 열심히 살 자신이 있다고 자신감을 가지게 되었다. 이런 마음가짐으로 월 5,000만 원의 고정지출과 불안한 미래에도 불구하고 창업을 선택한 것을 후회하지 않는다. 창업을 시작하였기에 이렇게 나는 열심히 살아갈 수 있고 나를 성장시키고 있다.

이런 나의 여정이 미래에는 얼마나 더 크고 빛나는 성과로 이어질지 상상하기만 해도 설렌다. 창업하면서 느낀 게 있다. 내가 과연 창업하지 않았더라면 이런 생각을 하면서 인생을 살아갈 수 있을까? 창업을 안 했더라면 하루하루 세상을 원망하고 나의 현실을 부정하면서 인생을 살아갔을 것 같다. 연차가 쌓이면서 이런 것들을 깨달았고 나는 지금도 움직이고 있기에 자신감이 있다. 세상 살아가는 나날들이 불안하지 않다. 나의 미래가 불안하지 않다. 난 당당하게 세상과 어떤 환경이 찾아오더라도 싸워서 이겨낼 수 있다. 이 경험을 통해 배운 것들을 토대로 계속해서 성장하며, 미래를 더 밝게 만들기 위해 노력하겠다.

앞으로도 열정과 결단력으로 나만의 길을 걸으며, 앞날의 모든 도전에 대해 즐거움과 자신감으로 맞서나가고 싶다. 하위 목표인 내가 하는 것들은 매년 바뀔 것이다. 어떤 것도 소홀하게 할 생각 없다. 이런 과정들이 나는 너무 재미있다. 실패 따위는 없다. 상위 목표를 가기 위한 수단일 뿐이다. 그 경험 속에서 나의 미래가 너무 기대된다.

한 손엔 아령, 다른 손엔 책

사업을 하면서 6년 차 동안 불안한 나날들을 보냈다. 언제라도 망할 수 있는 게 사업이다. 매달 매달이 불안하다. 매출이 안 나오면 어떡하지? 뭘 해야지? 답답한 날들을 보낸다. 어떤 계기로 인해 책을 읽기 시작한다. 책을 읽으면서 불안한 날들이 설레는 날로 바뀌게 된다.

자기계발서를 읽는다. 부자가 되고 싶다. 돈 되는 책들을 다 읽는다. 나와 연관되어 있는 책들을 읽는다. 책을 읽으면서 부자들의 공통점을 발견한다. 독서하라고 한다. 다른 사람에게 베풀라고 한다. 긍정적인 사고를 가지라고 한다. 부정적인 생각을 하지 마라. 온라인을 해라. 마케팅해라. 사람의 심리를 파악하라. 대부분의 공통점이다.

책을 읽으면서 나무만 보던 나의 시야가 숲으로 바뀌었다. 책을 읽으면서 많은 것들이 공감이 된다. 그전에는 운동만 했던 삶이었다. 운동업계에만 머물러 있었다. 정말 우물 안의 개구리였다.

세상은 많은 사람들이 존재한다. 배울 것 또한 무수히 많다. 분야 또한 너무 많이 있다. 절대 혼자서 모든 업을 다할 수 없다. 사람이 필요하다. 팀원이 필요하다. 많은 사람에게 내가 필요한 걸 만들어야 한다고 한다. 생산자가 되어야 한다고 한다.

그렇게 나는 한손엔 아령과 다른 손엔 책을 드는 삶을 살아가고 있다. 운동도 정말 중요한 일부 중 하나이다. 체력이 좋아야 모든 일들을 할 수가 있다. 생각할 여유가 생긴다. 그전에는 운동 10, 독서 0인 삶을 살아왔다. 현재는 운동 5, 독서 5의 삶을 살아가고 있다.

독서하면서 나의 과거와 미래가 다 머릿속을 스쳐 지나간다. 과거의 반성할 건 반성한다. 과거에 잘한 건 인정한다. 그런 것들이 독서를 하면서 하나하나 정리가 되었다. 그렇게 나는 5년 뒤의 미래가 너무 궁금하다. 스텝을 하나하나 밟아나가고 있다.

이 글 쓰기가 나에게 나중에 어떻게 다가올지는 모르겠다. 사업자들도 레벨이 있다고 한다. 레벨 1~10까지를 보았을 땐 현재 나는 레벨 2 정도 되는 수준인 것 같다. 5년 뒤 나를 보면 나는 레벨 5 정도는 온라갈 수 있는 수준은 될 거라고 확신한다. 지금 내가 하는 것들이 꾸준히만 한다면 5년 뒤에는 무조건 레벨이 올라와 있을 것이다.

글쓰기 또한 지금은 부족하지만 글도 좋아질 거라고 생각한다. 그렇게 운동을 같이 변형하니 불안하지가 않다. 매출이 조금 발생하는 달도 불안하지 않다. 지금 보이는 100만 원, 200만 원이 중요하지 않다. 지금 덜 버는 금액은 나는 투자라고 생각한다. 내가 공부하고 경험한 것들이 쌓이면 기하급수적으로 터질 거라고 생각한다. 이 글 쓰기 또한 모르겠다. 내가 앞으로 나아갈 수 있는 무기가 될지 아니면 그냥 하나의 추억이 될지. 하지만 좋다. 도전했다. 실행하고 있다.

쓴다는 자체만으로 나는 새로운 삶을 살아가고 있다. 누구나 경험은 다 존재한다. 나도 나만의 경험이 있다. 나만의 경험이 있기에 이렇게 글을 쓰고 있다. 그래도 나는 나름 11년 차 트레이너에 8년 차 대표를 하고 있다. 이 기간의 경험이 과연 어떤 한 사람에게 도움이 1도 안 된다고는 절대 생각하지 않는다.

요새는 온라인 강의들도 많아졌다. 전문가들이 많아졌다. 어떤 걸 배워야 할지 모르겠다. 누구에게 배워야 할지 모르겠다. 그것도 내가 선택을 잘해야만 한다. 그 많은 사람 중에 과연 나를 보러오는 사람이 단 1명도 없을까. 그건 절대 아니라고 생각한다.

그 단 한 사람을 위해 나는 이렇게 글을 쓰고 있다. 단 한 사람이 나의 글을 보고 영감을 얻었으면 좋겠다. 더 나아 생활 했으면 좋겠다. 행복했으면 좋겠다. 정말 그게 전부이다. 그렇기에 이렇게 글쓰기를 막 쓰고 있다.

그렇기에 나는 아령과 독서를 놓을 수 없다. 뭔가 하나 꽂히면 하는 스타일이다. 운동과 독서는 절대 놓지 않겠다. 나는 사업을 하면서 살아남기 위해 독서하고 있다. 살아남기 위해 글을 쓰고 있다. 그렇기에 나는 누구보다 꾸준하게 지금 하는 행위를 할 수가 있다.

온라인 브랜딩 하는 방법

나는 3명과 동업해본 경험이 있다. 하면서 느낀 건 세상은 절대 혼자만의 힘으로 살 수 없다는 걸 느낀다. 직원들의 비전을 만들어 주기 위한 지점 확장을 해본다. 일을 해서 모은 돈으로 만들고 만들어서 모은 돈으로 또 만들고 중간에 안 되면 폐업도 해 보고 매각도 해 본다. 그러면서 느낀 게 하나 있다. 이게 무한 반복일 것만 같은 느낌이 든다. 만들면 또 만들고 비전은 제공해 줘야 하니 또 만든다. 그러다가 문득 생각이 든다. 유형의 매장도 중요하지만 무형의 자산 또한 만들어야 한다는 걸 요새 느끼고 있다.

동업을 하다가 현재 진행하고 있는 팀도 있고 헤어진 팀도 있고 그 와중에 나의 독립적인 유형의 자산 또한 존재한다. 나의 미래와 직원들의 비전을 만들어 주기 위해선 일자리를 늘려야 한다. 직원들의 직위를 높이기 위해 대표는 매장을 늘려야 한다. 그게 직원들에게 함께 갈 수 있는 비전이라고 생각했다.

그렇게 만들다 보니 벌면 만들고 벌면 만들고를 무한 반복하는 느낌을 받는다. 나는 동업을 하면서 매각과 폐업 오픈 인수 모든 과정을 다 경험하였다. 그 과정들을 겪다 보니 손해 보는 구간도 분명 존재했다. 그래도 같이 동업하니 리스크는 줄일 수 있어서 많은 매물을 도전할 수 있었다. 그렇게 어느 날 계속 진행하다 보니 나에게 부족한 것이 무엇인지 생각을 해본다.

요새 인플루언서라는 사람들이 생겼다. 1인 기업가라는 단어들이 생겼다. 인스타나 유튜브로 유명해진 친구들은 오프라인 매장에서 영향력을 발휘한다. 나는 그런 인스타, 유튜브의 영상을 무형의 자산이라고 생각한다. 콘텐츠를 만든다고 하면 손해 보는 게 없다. 시도해 볼 만한 가치가 있다. 그런 온라인 쪽에서 터지게 된다면 나의 엄청난 자산이라는 생각이 든다.

한번 터트리기가 힘들지, 한번 제대로 터지면 기하급수적으로 올라갈 수 있는 게 무형의 자산이라고 생각한다. 많은 사람들이 하고 있지만 터트리는 일을 한다는 건 결코 쉬운 일은 아니다. 그분들 나름의 노력과 고난이 있었을 것이다.

연예인들도 한번 터지면 기하급수적으로 돈을 벌게 된다. 무명이 길어지면 정말 힘들게 사는 경우도 방송에 소개되고 한다. 한번 터졌다고 해서 그게 영원한 법이라는 것도 없다. 그래서 항상 겸손한 자세를 취하고 있는 것 같다.

그렇게 나는 유형의 자산만을 만드는 게 아닌 무형의 자산 또한 만들어야겠다고 생각한다. 그렇게 블로그에 글을 작성하기 시작했다. 블로그에 글을 발행하면서 매일 글 쓰는 능력을 키워 나갔다. 인스타그램 또한 유형은 비슷하다. 영상편집을 하고 제목을 정하고 글쓰기와 패턴만 다르지 큰 맥락에서는 다를 게 없다. 나의 더 나은 미래를 위해선 나에겐 1인 브랜딩이 필요하다. 나 자체로써 영향력을 발휘하는 사람이 되어야 하는 시대가 된 것이다.

그렇게 하면 나는 어떤 무언가를 팔아도 팔 수가 있게 될 것이다. 여기서는 본질은 있다. 많은 사람에게 영향을 줘야 하고 그 사람들에게 내가 알고 있는 정보가 도움이 될 수 있는 것들을 주어야만 한다. 누구나 말할 수는 있지만 아무나 할 수 없는 거라고 생각한다. 그게 가장 어려운 과제인 것 같다. 그렇게 나는 무형의 자산을 만들기 위해 나의 자체 1인 브랜딩을 위해 책쓰기를 진행하고 있다. 많은 사람에게 공감과 위로를 주고 싶다. 그게 내가 책쓰기를 시작한 계기가 되었다.

나의 경험들이 누군가 형편없을 수 있지만 어떤 누군가에겐 영감을 줄 수도 있고 도움이 될 수도 있다고 생각한다. 단 1명이라도 그런 사람이 있다면 난 책쓰기를 멈추지 않으려고 한다. 이 또한 내 나름의 봉사라고 생각한다. 나의 자본이 들어가지 않고 나의 시간만 들어가고 지금 하는 행위가 실패하더라도 손해 볼 건 없다. 나의 시간만 흘러갈 뿐 그 한 사람을 위해 이렇게 책을 써본다.

내가 쓰는 글이 잘 쓰고 있는지 잘 모르겠다. 못 써도 상관없다. 내가 이렇게 글 쓴다는 자체만으로 나는 노력을 하고 있다. 실행하고 있는 것이고 도전하는 것이다. 완성본을 만들기 위해 꾸준히 유지하고 있다. 오늘도 난 누구인지 모를 그 한 사람을 위해서 노력해본다.

허세보다는 돈이 돈을 만드는 수익 구조를

나는 꿈에 그리던 고급 외제차를 타게 되었다. 언젠간 꼭 돈을 많이 벌어 고급 외제차를 타야 한다는 생각을 했는데 이룬 것이다. 그런데 그 행복도 잠시일 뿐 조금씩 불편해진다. 어떤 누가 말하던가. 외제차는 승차감보단 하차감으로 타는 거라고. 외제차 마크 때문에 타는 거라고. 외제차를 타보니 당당하게 다니지 못하는 나의 모습을 본다. 처음 만나는 사람에게 오히려 차를 자랑하면서 보여주기보다는 차를 안 보여주려고 하는 나를 발견한다. 괜히 허세 부린다는 소리를 듣진 않을까 그런 생각을 한다. 외제차를 타는 행복도 유효기간이 있었던 것이다.

도로를 돌아다녀 본다. 내 관심사 때문인지는 모르겠지만 외제

차를 타는 사람이 너무 많다는 생각을 한다. 절대 적은 금액이 아닌데도 나랑 나이 비슷한 사람과 나보다 어린 친구들이 많이들 타고 다닌다. 부럽다. 나도 타고 싶다. 그들은 어떤 삶을 살아가고 있기에 저렇게 젊은 나이에 외제차를 타고 다닐까 나를 자책해 본다.

그렇게 나는 외제차를 타고 싶다는 마음을 항상 갖고 있었다. 사업을 시작하고 기간이 지나서 3년이란 시간이 지났다. 어느 정도 사업을 한 시간도 있고 해서 돈도 좀 모았고 해서 나도 열심히 살아왔으니 상을 줘도 되지 않겠느냐는 생각을 해본다. 부담이 간다. 하지만 타고 싶다. 남들 앞에서 떵떵거리고 싶다. 나 외제차 타고 다닌다고 자랑하고 싶다. 와이프의 이야기를 해본다. 나, 여태까지 열심히 살았는데 나도 나에게 상을 줄 수 있지 않을까? 그런 내가 안쓰러웠나 보다. 사고 싶으면 사라고 한다. 그렇게 나는 외제차를 구매한다.

차를 받아본다. 기분이 날아갈 것만 같다. 아, 열심히 산 보람이 있구나. 사업한 보람이 있다. 나도 나에게 상을 주니 너무 기분이 좋았다. 지금에 와서 느끼는 거지만 솔직히 효율적인 면에서 보면 좋은지 잘 모르겠다. 그렇게 시간이 흐른다. 뭔가 시간이 지나면서 점차 불편해지는 나의 감정을 느낀다.

젊은 나이에 고급 외제차를 탄다고 하면 좋게 보는 사람도 있을까? 당연이 있을 순 있지만 안 좋게 보는 사람도 있지 않을까? 허세

부린다고 생각하지 않을까? 부모님이 잘 살아서 해준 건 아닐까? 이런 생각들이 내 머리를 스쳐 지나간다. 좋았던 감정이 불편한 감정으로 느끼게 된다.

지인들을 만나러 다닌다. 강의를 들으러 다닌다. 그렇게 나는 비관적인 시선으로 날 바라볼 수도 있다는 생각에 차를 숨기면서 타고 다닌다. 주차하더라도 보이지 않는 곳에 주차하러 이동한다. 처음에는 차를 보여주기 위해서 샀다. 자랑하고 싶었기에 샀다. 그런 마음이 바뀌어 지금은 보여주고 싶지 않다. 뭔가 그런 나를 바라보는 시선이 어떤 돈을 쓰는 관계에서도 내가 더 내야 할 것 같은 느낌 또한 느끼게 된다.

그냥 불편한 감정이 계속 존재한다. 이런 감정을 느끼는 걸 보니 나는 허세를 부린 거라고 생각한다. 그렇게 생각하는 고급 외제차 차주들 또한 분명히 있을 거다. 자랑스럽게 생각하라고 말할 수도 있다. 하지만 내 감정은 그렇다. 이 돈이었으면 돈을 아껴서 가게를 하나 더 만들 수도 있다는 생각 또한 든다. 돈은 돈을 굴릴 수 있는 곳에 투자해야 하는데. 돈이 돈을 만들 수 있는 구조를 만들어야 하는데. 차는 감가상각이 존재한다. 외제 차는 더 심하게 감가상각이 있다. 벌써 벌어진 일이긴 하지만 약간의 아쉬움은 남는다. 그 돈으로 돈을 만들 수 있는 구조를 더 만들었다면 나의 미래는 좀 더 빠르게 다가오지 않았겠느냐는 생각도 든다. 젊었을 땐 아낄 수 있을 만큼 아끼라고 한다. 종자돈을 만들어 돈 나올 수 있는 구조로 만들라고 한다. 그러고 나서 안정권에 들어가서 그때 사도 늦지 않았을 거란 생각 또한 해본다.

그렇게 나는 나의 사리사욕만을 챙기려고 했던 것 같다. 좀 더 돈이 돈을 만들 수 있는 구조를 만들어야 한다고 생각하는 요즘이다. 타고 싶은 걸 소유는 했지만 소유해 보니 무소유였을 때가 좀 더 마음이 편안했던 걸 느낀다. 나는 요즘 하차감보다 승차감으로 차를 운전하고 있다.

문제가 생겨 차를 처분한다고 하면 나는 중고 국산 SUV를 살 것 같다. 너무 풍족하지도 너무 부족하지도 않은 차를 타고 다닐 것이다. 나만을 위한 차이기에 이런 느낌 또한 드는 것 같다.

앞으로의 나의 일상과 변화가 어떻게 될 지는 모르겠다. 좀 더 성장하고 내가 원하는 수익까지 만들면 그땐 남들의 위해 뭔가 뜻깊은 일을 하며 돈을 쓰는 날이 오기를 기대해 본다. 그렇게 나에겐 외제 차는 허세다. 외제 차가 주는 행복감에도 유효기간이 있는 걸 깨닫게 되었다.

살아남으려면 변화하는 트렌드를 따라가라

사업을 시작하면서 답답한 날을 보낸다. 불안하다. 과연 내가 잘하고 있는 걸까. 평생 할 수 없는 걸 알기에 일을 하면서도 마음이 불편하다. 과연 정답을 찾을 수 있을까? 난 정답을 찾을 수 없다는 결론을 내렸다.

곰곰이 생각을 해본다. 시간이 흐른다. 트렌드가 바뀐다. 새로운 것들이 나온다. 아래에서 치고 올라온다. 나이가 들어간다. 점점 늙어가는 나를 느낀다. 체력도 20대 때와 다르다. 아픈 곳도 조금씩 생겨난다. 온라인 시대. 요샌 개인 홍보 판매 전문가들도 너무 많다. 잘하는 친구들이 너무 많다. 비교할 수 있는 것들이 많기에 고객들은 보다 더 선택의 폭이 넓어졌다. 정보 또한 많은 것들을 알 수가 있다.

예전에는 할인하면 통했다고 한다. 하지만 지금은 어디를 가나 할인을 한다. 헬스장은 '월 3만 원'이라는 국민가격이 정해져 있을 정도이다. 이제는 달라졌다. MZ세대는 일반적인 광고나 정가할인 등 지루하고 고전적인 마케팅에는 관심이 없다. 다 알고 있다. 대조 또한 너무 잘하시는 시대이다. 이런 환경에서 살아남기 위한 마케팅 공부를 안 할 수가 없다.

나 또한 마케팅 공부를 하고 있다. 이제는 필수의 시대이다. 업체에 맡기는 것 또한 한계가 있다. 내가 알지 못하기에 업체에 맡겨도 잘하고 있는지 잘못하고 있는지 알 수 없었다. 그냥 그들의 말만 믿고 진행하였다. 그 후 시간이 지나 이건 아니라고 판단이 된다. 내가 알지 못한 상태에서 외주를 맡긴다는 게 위험한 행동이라는 것을 인지한다. 기본적인 마케팅의 흐름을 알아야 한다. 왜 이렇게 하고 있는지. 왜 이렇게 굴러가는지 정도는 꼭 알아야 한다. 완전 무지한 상태면 사기 당할 확률이 높아진다. 그렇기에 지금은 공부해야 한다.

항상 배울 게 넘쳐난다. 내가 마케팅을 공부한다고 누가 알았을까. 내가 글쓰기의 중요성을 깨닫게 된 것 또한 마케팅 때문이다. 사업을 하건 직장생활을 하건 영원한 것은 없다. 세상은 계속 바뀐다. 세싱도 매일 끝이 만들이지고 사라지고를 무한 반복한다. 그중에 살아남는 것들이 있다. 그중에서 꾸준히 유지되는 게 있을 뿐이다. 변화를 추구한다. 가만히 있으면 가만히가 되기에 항상 발전을 한다. 노력한다.

나는 4년이란 시간 동안 멈춰 있었다. 항상 똑같은 홍보를 했다. 항상 똑같은 수업을 했다. 일상을 무한 반복하였다. 나를 발전할 시간이 없었다. 시간이 없었다기보다는 안 한 것이다. 그러니 당연히 불안한 삶을 살아갈 수밖에 없었다. 그런 불안한 마음을 가지고 평생을 산다는 게 너무 싫다. 그렇기에 변화가 필요했다. 인생을 살아가면서 정답을 찾을 수 있을까? 나는 생각을 변화한다. 절대 인생에 정답은 없다. 세상은 항상 바뀔 것이다. 내가 이렇게 글을 쓰고 있는 와중에도 나중에는 로봇도 분명 나올 것이다. 그때 또 배워야할 것들이 생길 것이다.

트렌드도 바뀔 것이다. 뭐가 생길 지는 모르겠다. 그렇게 나는 정답을 찾을 수 없다는 결론을 내린다. 영원한 건 단 하나도 없다. 그 환경에서 살아남아야 한다. 받아들여야 한다. 도전해야 한다. 생각해야 한다. 실천해야 한다. 불안한 마음을 갖고 움직여야 한다. 그 불안한 마음이 생긴다는 게 내가 무언가를 하고 있다는 징조라고 생각한다. 불안함을 긍정적으로 받아들여 본다.

안주할 것이냐. 앞으로 나아갈 것이냐. 그건 본인의 선택이다. 안주하는 삶이 좋다고 하면 안주하는 삶을 선택하면 된다. 그러면 마음이 편안해 질 것이다. 지금에 만족하는 삶을 살고 있다면 그게 정답이다. 앞으로 나아갈 삶을 선택한다면 힘든 여정들이 기다리고 있을 것이다. 그 힘든 여정들을 즐길 건지 괴로워 할 건지 그것 또한 본의 선택이다. 그 힘들을 즐기는 자가 있으면 그 힘듦을 괴로워 하는 자도 있을 것이다. 그런 과정에서 포기하는 사람이 있을 것이고 도전하는 사람이 있을 것이다. 그것 또한 본인들의 선택이다.

사람은 누구나 다 다르다. 어떤 삶을 살던 의미가 없는 삶은 없다고 생각한다. 내가 하고 싶은 일, 내가 가고 싶은 길 내가 선택하는 게 정답이다. 누구도 나의 정답을 찾을 수 없다. 사업을 하다가 돈을 잃어도 내 선택이다. 실패를 해도 내 선택이다. 사기를 당해도 내 선택이다. 동업을 해도 내 선택이다. 부동산 지리적 위치도 내 선택이다. 모두 다 내 선택이다.

누구를 원망할 것도 없다. 정답은 없다. 인생은 항상 바뀐다. 영원한 건 없다. 그렇게 평생의 정답은 찾을 수 없다. 지금 선택한 나의 하나하나의 선택이 정답이라고 나는 생각한다. 그렇게 나는 오늘 하루 내가 선택한 일상의 정답을 내리고 움직여본다.

에필로그
생각하는 힘을 길러 매일 성장한다

장사와 사업을 하면서 누구에게 배우지 못했다. 맨땅에 헤딩하며 터져가면서 스스로 터득했다. 내가 독서를 일찍 시작했더라면 아마 지금보다 더 빠르게 성장하지 않았을까 생각해 본다. 하지만 지금에라도 이런 걸 깨닫고 독서를 통해 인생을 살아가는 날들이 기대된다.

좀 더 생각하는 힘을 기르고 있다. 이겨낼 수 있는 힘을 기르기 위해 노력하는 날들을 보내고 있다. 나에겐 성공이란 하루하루 내가 성장해 간다는 느낌을 받는 게 성공이라고 생각하게 된다. 큰 성공은 사람마다 다르다. 나보다 훨씬 훌륭한 사람들, 돈 많이 버는 사람들은 세상에 너무 많다.

그런 사람들을 보며 열등감을 갖기 보다는 난 내 속도와 내 환경에 맞추어 나를 하루하루 성장시키는 과정에 무게를 더 실어본다. 그렇게 난 '태도'에 대해 다시 생각해 본다. 그런 과정들로 인해 사람 보는 눈도 달라졌다. 돈을 대하는 태도도 달라졌다. 정신 상태도 달라졌다. 불안한 미래가 걱정되지 않는다.

어떤 일이 오더라도 내 스타일에 맞추어 이겨낼 것이다. 이런 힘이 나에겐 생겼다. 이런 힘이 있다. 어떠한 미래가 와도 이겨낼 수 있으리라 생각해 본다. 독자 분들이 이런 나의 경험을 통해 조금이나마 변해가는 모습을 보고 싶다. 힘들어하지 않았으면 좋겠다. 그런 과정이 본인이 성장해 가는 하나의 과정이라고 생각하며 받아들인다면 단단한 힘이 생길 거라고 확신한다.

인생에 정답은 없다. 정답과 선택은 오로지 본인 스스로가 해야 한다. 그 과정에서 실패하더라도 받아들여야 한다. 손해를 보더라도 받아들여야 한다. 그런 것들이 쌓여 나를 좀 더 단단하게 만들어 줄 것이다. 나를 성장하게 해줄 것이다. 나는 그렇게 태도에 중요성을 다시 한 번 생각해 본다. 내가 책을 쓴 이유는 단 하나이다. 이런 나의 경험이 단 1명에게 만이라도 도움이 된다면 내가 이렇게 책을 쓴 계기를 나는 완수하였다. 모든 분이 행복한 삶을 살아갔으면 좋겠다.

매출을 올리는 헬스장

초판 1쇄 발행 | 2024년 2월 19일

지은이 | 김동관
펴낸이 | 김지연
펴낸곳 | 마음세상

주소 | 경기도 파주시 한빛로 70 515-501

출판등록 | 제406-2011-000024호 (2011년 3월 7일)

ISBN | 979-11-5636-534-1 (03320)

원고투고 | maumsesang2@nate.com

* 값 14,500원